这里的花儿别样红

谢骏 著

南京师范大学出版社

图书在版编目(CIP)数据

这里的花儿别样红 / 谢骏著. — 南京：南京师范大学出版社，2016.3
(特殊教育叙事文库)
ISBN 978-7-5651-2415-0

Ⅰ. ①这… Ⅱ. ①谢… Ⅲ. ①特殊教育—案例—无锡市 Ⅳ. ①G769.2

中国版本图书馆 CIP 数据核字(2015)第 268448 号

书　　名	这里的花儿别样红
作　　者	谢　骏
责任编辑	彭　茜
出版发行	南京师范大学出版社
地　　址	江苏省南京市宁海路 122 号(邮编：210097)
电　　话	(025)83598919(总编办)　83598412(营销部) 83598297(邮购部)
网　　址	http://www.njnup.com
电子信箱	nspzbb@163.com
照　　排	南京理工大学印刷照排中心
印　　刷	兴化印刷有限责任公司
开　　本	880 毫米×1230 毫米　1/32
印　　张	7
字　　数	175 千
版　　次	2016 年 3 月第 1 版　2016 年 6 月第 2 次印刷
书　　号	ISBN 978-7-5651-2415-0
定　　价	25.00 元

出 版 人　彭志斌

南京师大版图书若有印装问题请与销售商调换
版权所有　　侵犯必究

序　言

读完《这里的花儿别样红》，不禁心潮澎湃，为故事中的人物命运和故事情节深深打动，也为作者谢骏校长对特殊教育事业那份特别的感情和执着所折服。

谢校长在无锡市特殊教育学校（原无锡市聋哑学校）工作的十多年，正是无锡经济飞速发展、社会事业突飞猛进的时期，党和政府及社会各界对特殊教育给予了前所未有的关心和支持，学校师生齐心协力，团结奋进，取得了令人瞩目的成绩。为记录这段可歌可泣的历史，作者根据自己的亲身经历，编写了五十个小故事，通过特校师生真实具体的生活片段，生动形象地反映了这一时期我市特殊教育事业的变化和发展，反映了全社会关心残障人事业和特殊教育事业的拳拳爱心，读来让人倍感亲切和震撼。

翻开书稿，我们可以发现，这五十个小故事所述说的，都是在特校日常生活中发生的感人事例。无论是教师们爱生如子、敬业奉献、丹心育人的事迹，还是学生们孜孜以求、不断进步、茁壮成长的篇章，或者各类社团丰富多彩、卓有成效的活动，无不传达出学校"为每一个残障学生提供优质教育服务"的教育理念，而背后所折射出的，则是党和政府以及各类社会团体对残障学生无微不至的关爱。

作为一名长期在特校从事语文教学的教师，作者对残障学生的语言基础和成长需要十分了解，在构思和写作中，充分考虑了学生的认知水平和知识积淀，遵循浅显、易懂、简明、流畅的原则，确立每一个故事的主题，选择典型的事例，塑造出一个个血肉丰满、感情充沛、努力进取的人物形象。在具体的故事中，不仅注意采用叙述、描写、抒情等多种表达方式，还尽可能地将每个故事的字数控制在 2 000 左右，以便师生们在工作、学习的空余时间就能阅读和欣赏，并从中学会一定的写作技巧。

本书也是一部很好的学校思想品德教材，全书贯穿着"育人"这条主线，立意选材无不反映了"以文化校、以文化教、以文化人"的教育思想，通过一个个小故事，见证特校的管理者和教师"点石成金"的感人事迹和艰难历程，让读者深刻认识到为什么"这里的花儿别样红"。

细细品读本书，我们不仅了解和收获了无锡市特殊教育十多年的辉煌业绩，也感受到了特殊教育工作者的无私奉献和残障孩子成长的不易，更唤起了我们加快社会文明建设，共创全纳社会，保障残障人平等融入健全群体的责任心和紧迫感。

愿特殊教育园圃中的朵朵花儿，在阳光雨露滋润下，更红更艳，茁壮成长！

（中共无锡市委副秘书长、原无锡市学校管理中心主任）
2015 年 7 月

目 录

序 言 ·· 1

第一篇 沃土花红

搬家(代自序) ································ 3
他们是时代的宠儿 ···························· 8
村里飞出了金凤凰 ···························· 12
娇艳的三叶草 ································ 17
自信,让他坚强 ································ 21
我们对孩子零拒绝 ···························· 25
孤儿今夕 ···································· 29
我们的小画家 ································ 33
青春易懵懂 ·································· 37
转学,转学! ·································· 41
我并不缺什么 ································ 45
这里没有歧视 ································ 49
她成了残障人的臂膀 ·························· 53
小颖圆了大学梦 ······························ 57
他不再四处"流浪" ···························· 61
聪明的百灵鸟 ································ 65

佛堂里的孩子 …………………………… 69
好习惯很重要 …………………………… 73
小小书法家 ……………………………… 77
她从培智学校来 ………………………… 81
我们的"小凤凰" ………………………… 85
涌动爱心的"基金" ……………………… 89
山里来的小哥俩 ………………………… 94
我是一个平凡的人 ……………………… 98
我要当画家 ……………………………… 102
他从宝岛载誉归来 ……………………… 106
青春之火在燃烧 ………………………… 110
她从普校回来 …………………………… 114
命运多舛亦有幸 ………………………… 118
冠军来之不易 …………………………… 122
沃土红花 ………………………………… 126

第二篇　摇篮车

书海徜徉乐陶陶 ………………………… 133
我们的"明星篮球队" …………………… 137
笑容绽放在人民大会堂 ………………… 141
乒乒乓乓小球队 ………………………… 145
小小惠喑报 ……………………………… 149
泥塑也有灵性 …………………………… 153
爱心志愿小分队 ………………………… 157
我们的书画也值钱 ……………………… 161

第三篇　爱的滋润

慈母般的老师 ······ 167
他们不再逃课 ······ 171
爱的奉献 ······ 176
为了每一个孩子 ······ 181
她，真唠叨 ······ 185
高中部的年轻人 ······ 189
周到的伙头军 ······ 193
这个老师会"念经" ······ 197
她们都是军嫂 ······ 201
老师，放心休息吧 ······ 205
热情的理事长 ······ 209

后　记 ······ 213

第一篇　沃土花红

搬家
(代自序)

2009年岁末，天气好像在为忙碌了一年的人们祈福，显得格外晴朗，蓝蓝的天空漂浮着丝丝白云，太阳把和煦的金辉洒在花圃里，碧绿的冬草就像吸了氧的运动员，昂首挺胸，生机勃勃，让人觉得，似乎冬天即将过去，春天马上就要到来。

然而，一进入新年，老天就翻脸了。先是连续多日的东北风，刮得天昏地黑，铅似的云层不知从哪里涌出来，层层叠叠，好像要把人们迎新的喜悦全部挤压掉，换进令人讨厌的愁苦和烦闷中。被暖和的骄阳惯坏了的人们，不得不把自己裹进厚厚的羽绒服里，抵御一天比一天凶猛的寒气。几天后，冬雨来了，一阵接一阵，把整个世界冲刷得光闪闪、白亮亮。正当人们以为雨水该歇歇脚，即将换个天透口气时，连天的大雨又不间断地下了起来，大有冬夏倒了季节的味道。

想想也是，这过去的一年，差不多没见到什么雨水，锡城虽靠太湖边，可被干旱折磨得干渴难耐的万物还是像地动仪边上蹲着的铜蛤蟆，整天张着渴望的干唇，等候着甘露的降临。现在，眼看着一个劲往上涨的梁溪河水，谁也没有料到,久盼的雨水会以这种方式,把人们带进 2010 这个新的年代。

为了防止破败的校舍出现意外,学校提前几天放了寒假,让学生在家休息。老师要不要提前放假,却在领导层纠结着。最终决定,借着学生不在学校的机会,搬家!

说是搬家,其实是学校搬迁。

2009 年初,在市政府办公会上,M 市长亲自拍板,把校园面积小、校舍破损严重的市特校改扩建列入年度政府为民办实事工程。

消息传来,师生犹如注射了兴奋剂一般,欢呼雀跃。要知道,新校舍占地规模 30 亩,是老校园的五倍多,对于一所建校近 70 年,只有 200 多名师生的特校来说,实在是宽敞又舒心的校园啦!

主管市属学校的市学校管理中心领导紧锣密鼓开进学校,组织专题现场办公会,帮助学校制订简约有效的行动方案。学校也很快成立了校园改扩建领导小组和工程建设指挥部。半年不到,设计图稿、审批意向书、3 000 万资金全部到位。

人说,特殊教育是光辉灿烂的事业。自从校园改扩建工程拉开序幕,市领导多次亲临现场指挥调度,学校管理中心的几位领导也不分白昼黑夜地轮番前来视察,D 主任和负责基建工作的 X 主任更是三天两头往工地跑。不仅如此,教育部特教处领导、省教育厅分管特教的 X 处长、省特殊教育专委会 C 理事长也纷纷前来指导。他们知道,这所学校是全国唯一的由三位聋人自发筹措资金创办的,历史悠久,成绩斐然,它的一举一动不仅仅是锡城特殊教育的骄傲,更是苏南教育现代化的见证!

特殊教育事业的辉煌还不局限于领导的关心、师生的支持,连老天也分外照顾。从开工第一天起,老天爷就好像睁开了眼的老顽童,连续几个月愣是没下一滴雨,使得工程进度按部就班推进,改扩建任务在年底就全部告罄完工。一所由学前康复、义务教育、职业高中组成,融教育与康复为一体的花园式校园展现在了世人面前。

天时地利人和,一切都眷顾着特校。

然而,就在学校规划搬迁事宜时,老天好像经受了深重灾难的怨妇,一夜之间,就风雨大作,而且连续下了十多天。面对着连天的大雨,有人感叹:好事多磨啊!的确,改扩建工程一路顺利,如今,眼看着就要搬迁,老天却开始磨砺特教人的意志来了。

学生放假回去后,老师们都期盼着雨水能停一停,哪怕只是两天,好让我们顺顺利利搬迁。可是,事与愿违,连天的雨好像故意跟大家开玩笑,就是那样不管不顾地下着,下得人心急意躁,下得人垂头丧气,下得人束手无策。

眼看寒假在即,如果不搬迁,势必影响新学期开学。最终,学校领导下了狠心:定下日期,做好准备,即使下刀子也要搬!

2010年1月28日是学校确定的搬迁之日。在此之前,各部门,所有老师都做了分工,该打包的打了包,该集中装运的都堆放好。这天一大早,许多老师早早来到学校,这里转转,那里看看,满眼流露的是留恋,有的还三五成群地合影留念。是呀,虽说校园破旧,但毕竟在这块土地上办学五十五个春秋,一代代特殊教育工作者的青春和心血洒在这里,一拨拨听障儿童在这里由目不识丁成长成自食其力,这块不大的土地给人留下了太多的眷恋和不舍。

"雨停啦!"就在大家耐心地等着搬家公司到来时,不知谁叫了一声。

大家一齐涌出办公室,啊,真的,雨停了。老天居然也是爱心满满,它知道,今天是特校搬迁之日,终于,擦干泪水,睁开眼来了!

虽然没见太阳,但随着云层的剥去,乌沉沉的天空明亮了许多。大家在后勤部门的统一指挥下,七手八脚,有条不紊地忙碌着,这些日常只动脑不动手的静静的读书人,今天可是一个个汗流浃背——

不为别的,只为抒发心头那一份对老校舍的留恋,那一份对新家的怀想!

在大家的齐心努力下,"家"很快就搬好了。当师生们满怀激情开始新的学期生活时,一批批领导也频繁地出现在了校园里,新的扶持政策也随着他们的到来,雨后春笋般地出台:全市所有残障学生享受十倍于普通学生的公用经费;特校学前康复、义务教育、高中教育实施十五年全免费教育;特殊教育师资在编人数逐年增加;各项荣誉和职称指标向特殊教育倾斜……

接着,各种资助经费也纷至沓来——108万康复专用经费下来了;150万省拨专项款下来了;高中学生人均1 500元/年的生活补助也下来了……

春天来了,春风拂面,万物复苏,花团锦簇。香樟树的老叶随风飘扬,嫩嫩的新绿重新布满枝头,小燕子在校园里展翅翻飞,喜鹊、斑鸠和各种不知名的小鸟在花坛里自由跳跃,尽情嬉戏,孩子们在校园里奔跑雀跃,欣喜之情洋溢在一举一动之间,老师们也趁着盎然的春光,大步流星地忙碌在各自的岗位上。这是自然界的春天,更是锡城特殊教育灿烂辉煌的春天。

无锡市特殊教育学校全景

是呀,自从有了新家,大家都格外兴奋,格外努力,都朝着一个共同的目标奋进,决心以实际行动报答党和政府的关怀,以智慧和双手为这个新家画上最新最美的图画,以优异的成绩让质朴的老校焕发出新的光彩,让锡城特校进入万紫千红的盛花期!

他们是时代的宠儿

家有听障孩子,是怎样一种心情?没有亲身经历的人是感悟不了的。只有面对怀抱着无法正常说话的听障孩子,双眼蒙着悲哀神色的家长,倾听他们断断续续地述说着内心压抑的苦楚时,你才会明白,这些家长和他们的孩子承受着多么巨大的压力!

是啊,谁都希望养育一个健康的孩子,谁都希望在早晨睁开眼时能够听到那一声娇嫩嫩的呼唤。可是,命运有时就是喜欢捉弄人。好在现代科学技术让我们能够帮助听障孩子听到声音,从事语言康复的老师们也有本领帮助听障孩子开口说话。当然,这个过程需要时间,更需要我们有静待花开的耐心。

小昕是一位三岁的小男孩,胖乎乎的脸上一双大眼睛扑闪扑闪,煞是可爱,但是,自从来到这个世界,他就从未听到过万籁之音。父母虽然花费了不计其数的时间和精力,花光了家中的积蓄,得到的答复却是:"他是由基因缺陷引起的耳聋,无法挽回!"面对抱着自己,哭成泪人的双亲,小昕却只是睁着眼睛,一无所知。

在万般无奈下,父母带着孩子来到特校,参观这里的康复设备,了解老师们如何上课,观察小朋友在老师指导下学习说话……第二天,小昕也安静地坐在了小朋友中间,成了语言康复班的一员。

这天,老师带着小昕走进了学校的听力检测室,他被安排在一个密闭的房间里,一位老师给他戴上耳机,让他看着玻璃窗外的另一个老师的动作——哦,原来是老师为他进行听力检测呢。

回到教室,老师又请来工程师叔叔,把一个泥塑样的东西塞进他的耳朵。小昕用手摸了摸,软软的,好像妈妈买的棉花糖一样。不一会儿,那个小东西被取了出来,高低凹凸,变化多端——原来,这是给他制作耳塞模型呢。

没多久,那个工程师叔叔又来了,还给他带来了几样小东西——一对带耳模的助听器、一个项圈样的接收机。小昕戴上后,就感觉耳朵里有什么东西在哇啦哇啦叫唤,吓得大声哭起来,硬要把助听器和接受机拉下来。

随着时间的推移和老师的耐心指导,小昕慢慢地适应了助听器,也学会了自己把项圈式接收机戴上脖颈。就这样,小昕有了"听力"。

接下来,老师又开始了新的康复项目——培养小昕的听能。

在一般情况下,人们从胎儿期就有了感知声音的能力,先是在妈妈肚子里感觉妈妈的声音,出生后就听到了外界的声响,并逐渐熟悉起周围事物的不同声音,进而能够通过不同的声音辨别不同的人。可聋孩子由于没有声音的感知能力,无法感知和辨别声音,要帮助小昕学习语言,首先必须解决"听能"问题。

老师们把小昕带到校园里,一边观察周围活蹦乱跳的小鸟、在微风中轻轻摇曳的小树、五光十色的小花,一边让他通过助听器感受各种声音,分辨不同的音响。开始时,小昕对于传进耳朵的声音非常害怕,因为之前从没有听到过这样那样的声音,根本无法辨别那些传进耳朵里的音响。日复一日,他慢慢习惯了,心里不再害怕。有时,妈妈把他送到学校,他会高高举起小手,拉住老师的衣角,去寻找跳跃的鸟儿,听它们呼朋唤友地鸣叫,去看在风中摇晃的树木,听树叶在风儿的搓揉下沙沙沙的叫唤声,去操场感受那些大哥哥在篮球场上嘣嘣嘣的拍球声和嘻嘻哈哈的吵闹声……渐渐地,小昕嗓门里也会模仿着发出断断续续的声音了。

老师们知道,小昕已经有了一些听觉,能够主动捕捉他感兴趣的音响加以模仿了,于是,就开始对他进行舌操和声带发音训练。

发声解剖学告诉我们,人们讲话发出的声音是气流在气管内运动造成声带颤动,与口腔中各部位相互协调产生的。康复老师就是通过日复一日地训练听障孩子的声带和教他们做口腔运动,才让孩子们的舌头灵活起来,并使声带不致退化和萎缩的。

每天,除了照常陪同小昕在校园里感受各种各样的声音,老师按照康复计划,还给小昕上起了发音的基础训练课。

首先是舌操训练。从舌头在口腔里面自由伸缩转圈,到舌尖与牙齿的相互摩擦,再到舌体与硬腭、软腭的配合,一遍又一遍,反反复复。枯燥的训练使得小昕学着学着就停下来,老师只能跟着停下,转移一下他的注意力,再训练。

接着是呼吸训练。如何才能让小昕感知气体在气管里面的流动呢?老师们想到的最简单的方法就是在老师发音时,让小昕通过小手触摸来感觉老师的喉部和唇部的气流运动,通过对老师喉部振动感的积累,逐渐认识呼吸、发音与喉部振动的关系。

当小昕能够将舌头与气流自如地组合运用时,声音也就发出来了。老师用录音机把他发出的音录下来,放给他听,告诉他:这就是你刚才发出来的声音。当小昕亲耳听到自己的声音,兴奋得两只眼睛瞪得大大的。是啊,这对于一个听障孩子来说,实在不容易呀!

也许冥冥之中小昕也希望自己能开口讲话吧,自从听到自己的声音后,小昕练习发音的积极性更高了,还时不时地让老师帮他录音,再放给他听。就这样,小昕的进步非常快,不久就赶上了班上的其他小朋友。

发音基础训练完成后,就要学习声母、韵母了。老师们根据孩子发音器官的发育情况和发音的难易程度,按部就班地从简单的元韵母 a、o、e 和基础声母 b、p、m、f 等起步,领着小昕一步一步地跨进语言的大门。

那天下午,妈妈来接小昕回家,突然听到孩子低低地叫出一声"妈——妈",虽然语言含糊,但这一声"妈妈"却真真切切地震撼了这个为母多年的女人的心灵。她把小昕紧紧地抱在怀里,满含热泪地向老师连声道谢:"谢谢你们,我的孩子再也不是哑巴啦!"

随着年龄的增长和知识的积累,小昕对语言的驾驭能力也日渐增强……

这一年,春风又一次染绿了校园,百花吐艳,争相绽放,小鸟们高兴地在树丛间亮开嗓门,传唱着属于它们的歌曲。这是快乐的一天,因为,市领导要来校园慰问师生。

当衣着整洁、开朗大方的小昕代表全校师生在校门口向领导献上鲜花和红领巾,高声说出"市长伯伯,欢迎您来我们学校"时,领导拉着他的小手,兴奋地说:"我们的聋孩子会说话了。千年铁树开花啦!"

是啊,千年铁树会开花,听障孩子也一定能说话。这是多少代人的希望,而小昕和他的小伙伴们生活在一个崭新的时代,获得了"会说话"的机会和权益。他们是真正的时代宠儿!

村里飞出了金凤凰

"喜讯:我校学生小咏被市残联评为'年度十佳人物'。特向全校师生报喜!"

一大早,晨曦微露的校园里,结束早锻炼的寄宿生三三两两向宿舍楼走去,不知谁眼尖,看到板报上刊登的一条最新消息,快速地告诉了大家。于是,清晨的宿舍楼内,除了同学们打扫卫生、整理内务和盥洗的声响,又夹杂进了平常没有的忙碌——大家用手语相互传播着刚刚获悉的喜讯!

小咏是高三(1)班班长,闻名全校的"才子",然而,他的成长却是那般不容易,甚至让了解他的人内心隐隐作痛。

小咏出生在本地的一个乡村人家,父母在乡镇企业工作,小夫妻相亲相爱,和睦无间,儿子的出生又给他们带来了无尽的喜悦,夫妻俩商量,只生一个孩子,把所有精力都放在宝贝儿子身上。因此,他们一心扑在工作和家务中,把小家庭搞得温馨四溢,邻里艳羡。胖乎乎的小咏自从来到这个世上,就一直被乡亲们称道,说是好人家养了个好孩子。每天晚饭后,大家都会聚拢到小咏家,争抢着抱抱他、亲亲他,小咏也会乖巧地逗乐大家。

然而,小咏三岁时,一次发高热造成了听力损伤,并且日渐严重。

看着原本活泼可爱的儿子变得沉闷呆滞,可急坏了年轻的父母,他们带着孩子,顶着炎炎烈日满城跑,想尽快让孩子恢复听力,健康成长。可是,一天又一天,一月又一月,时间在流逝,他们的内心却好像深秋时节挨了霜的花骨朵,越来越萎靡,越来越沉痛。最终,家中的积蓄花光了,孩子的听力却越来越微弱,最终,全部丢失了。

父亲是个内向而爱面子的汉子,抱着懵懂的孩子,内心的伤感无法倾诉,除了白天辛苦地工作,回到家还要强作笑颜,劝慰整天哭哭啼啼的爱妻和唉声叹气的双亲。

乡村自有乡村的陋习,平时虽然相互很亲近,但是,如果谁家生了个有疾患的孩子,却是要被邻里乡亲说三道四的:

"这家祖上积的什么德呀,好端端的小两口居然生了个小哑巴!"

"唉,作孽啊!"

……

在这样的氛围中,生活压力之大可以想象。年轻气盛的父亲大病一场,没过多久,留下感受不到声音的宝贝儿子和年轻的妻子,撒手人寰了。

父亲的离世,让整个家庭陷入了困顿,而此时的小咏又到了上学年龄。看着周围的小伙伴背着书包欢天喜地进学校,小咏的眼神中充满了羡慕,整天缠着妈妈也要背书包,也要上学。母亲权衡再三,带着他来到了特校。

走进校园,掩映在满园的香樟和法国梧桐中的简陋校舍,让这个从未离开过乡村的孩子感到亲切,十多位同样状况的孩子,在扑闪的眼神中,心灵很快就沟通了,而更让小咏感到亲切的是那些如同妈妈一样慈眉善目的老师。

不管何时,老师们在学生面前总是笑容可掬,而且,他们对学生提出的问题、遇到的困难,总会耐心又热情地给予帮助,让孩子们觉得就像在家一样,有时,甚至超过了家里长辈给予的关怀和照顾。

小咏一天天长大,知识也不断增长:会写自己的名字了、会绘画和打球了、知道 $a^2+b^2=c^2$ 如何解答了……而最让他欢欣鼓舞的是电脑和网络,只要轻轻按动鼠标,什么文字呀、符号呀、图像呀,都接二连三地跳出来。那简直是个乐趣无穷的世界啊!

随着时间的推移,小咏长成了个子挺拔的小伙子,那矫健的身躯、自信而随意的步履,时时吸引着周围羡慕的眼神;而知识的累积和眼界的开阔,又使得小咏越来越睿智和冷静。他喜欢用双眼注视周围世界,对纷繁的生活也开始有了自己的想法。

在学校,整日忙碌的小咏好像有使不完的劲头,在他的日程表里,从没有"空闲"二字。从早晨起床出操开始,就是学习和工作,什么宿舍舍长、数学课代表、爱心图书室主任、班长、团支部书记他都乐意去做。有时,老师也担心他因为工作压力太大,拖累学习,他却乐此不疲。特别是爱心图书室主任一职,要负责全校开放式阅览室的管理,占去了他大块的业余时间,可他把时间安排得井井有条。每天中午12点,他带领管理员,准时开启阅览室的门窗,等候前来借阅的同学。同学们阅览时,他坐在小桌前,一边做作业,一边为借书的同学办理手续,一边还指挥管理员指导小同学阅读。下午放学后,他又是第一个来到阅览室,提前做好开放准备,边工作边做自己那些永远也做不完的事。有时空下来,他也会拿起一本书,像其他同学那样,坐在一旁静静地阅读,从书本中攫取养分和力量,享受属于自己的那份快乐时光。开放结束,他又和管理员一起,把大家没摆放整齐的图书整理好,把调皮的小同学不小心撕破的书刊粘贴好,把地面打扫干净,然后,关上门窗离开。晚上,在自习教室,他又热情地与同学们一起讨论白天尚未做完的作业,不仅自己完全搞懂弄清,还和大家一起进步。

日复一日,那些在别人眼里平凡而简单的时日,却成了小咏快乐成长的五线谱,他像个忙碌的音符,学习着、工作着、忙碌着、成长着,他不但每学期都被评为优秀学生干部,获得各种荣誉称号,而且,成了同学们心目中最值得尊敬的人。进入高中不久,他又被大家推荐为学生会主席。

如今的他,受到了市残联的表彰,成了全市的明星,借助媒体的宣传,他也为锡城千家万户所知晓。

在乡里,原先那些指指点点、说三道四的乡亲,看着朝气蓬勃的小咏,也不断地改变着自己的看法和评价,有的还用小咏那种刻苦而坚韧的劲头激励自己的孩子:

"看人家,除了耳朵听不见,其他什么都不比健全人差!"

"人家一个聋孩子都成明星了,你一个健全人还不如他,羞不羞哪。"

"人家聋孩子都能取得那么好的成绩,你该跟他比试比试,看看谁是金凤凰。"

在这和谐而愉悦的氛围中,小咏没有一丝骄傲,仍然按照自己设定的目标和轨迹前行着。

眨眼间,已经到了高三毕业前夕,正当小咏紧张地准备参加高考时,村里负责民政工作的阿姨主动登门询问小咏高中毕业后的志愿来了。当小咏了解了阿姨的热心推荐后,两眼闪闪发光,感激社会对他的关心帮助,同时,坚定地表示:"我还要读书,我要上大学!"

一时间,聋孩子要上大学成了乡邻们家喻户晓的新闻。

小咏没有辜负自己的努力,也没有辜负家人的养育,更没有让乡邻的关注落空,最终,以优异成绩考上了天津理工大学。

当红彤彤的录取通知书送到小咏家的时候,邻里都沸腾了。乡亲们一个个前来祝贺,纷纷对小咏伸出大拇指夸耀说:"你真是我们的金凤凰啊!"

学生作品《燃起心中的梦想》

娇艳的三叶草

三叶草是一种非常奇特的小草,它不像其他草本植物那样叶片成双成对,而是以独特的三片叶子的形态生长。它不因自身与众不同的身世而悲观,当春天来临,它自信地在阳光下舒展身骨,在风雨中沐浴成长,同样给春天奉献一抹淡淡的绿色。因此,人们常常称颂它,赞誉它,把它视为植物界的强者,并用它来赞美那些不屈于坎坷命运、艰难人生,在困苦中自强不息的人们。

小贤就是这样一位拥有三叶草美誉的孩子。

小贤出生在锡城郊外的一个特殊家庭,父母都是残障人士。小贤三岁那年,由于持续高热,父亲请来的乡村医生给他打了一针,自此,他的听力与日下降。开始还能用简单的话语勉强跟人交流,可是,随着时间的推移,失去了语言感知和环境模仿能力的小贤越来越无法理解人们的话语,人们也觉得跟他讲话费劲,渐渐地不愿意跟他多说话,周围的小朋友也慢慢地疏远他。小贤成了孤单的孩子,每天坐在大门口,眼睁睁地看着其他孩子开心地玩乐。

一转眼,小贤到了入学年龄,可是没有一所学校愿意接受一个听力不好的孩子,最终,他被送进了特校,与一群同样无法正常听到声音、无法通过语言同人交流的孩子一起学习手语和简单的文化知识。

为了让缺少家庭照顾的小贤得到应有的关怀,学校破例安排他住校,而且给他指定了专门的生活老师,教他刷牙、洗澡、洗衣、叠被。学业上,班主任对他细心关照,任课老师主动为他个别辅导,同学们也从家里给他带来好吃好玩的,许多家长把他当作自己的孩子,每逢节假日,都会给他送来家庭般的温暖。苦难家庭的磨砺,让小贤从小养成了吃苦耐劳的性格。老师们的热情关怀、同学们的相互帮助,使他感受到了从来没有过的幸福和快乐。

就这样,小贤一步一步地成长着。每天,他总是起得很早,在操场上跑步锻炼,当同学们都起床时,他已经把教室打扫干净,在树荫下读书、练习手语。勤奋,使他很快就掌握了老师每天教的日常知识,能通过手语与大家进行正常的思想交流和情感互动。

补偿教育理论告诉我们,由于听力缺损,聋人了解外界事物常常只能依靠眼睛,因此,他们学习文化知识比健全人困难很多。然而,小贤并不以此为阻碍,每天,他也会和其他同学一起尽情玩耍,玩过之后,就回到教室,翻开书本,按照老师的教导做作业、复习学过的知识、预习将要学的内容。见他如此懂事,如此认真,老师们分外喜欢他,只要他提出问题,老师们再忙也会放下手头的工作,为他解答,或是指导他查阅资料。

随着网络建设的加快,小贤逐渐学会了电脑技术,也学会了上网。这样,遇到问题时他就不需要一个一个问老师了,只要打开电脑,上网点击相应的网页,所有的知识都会在眼前一览无余地展现出来。

除了自己勤奋学习,小贤还时常帮助其他同学。在学习上,只要有同学向他请教,他都不遗余力地给他们以指导和帮助;在生活上,他也主动带好比自己小的同学,教他们掌握必要的生活常识,学会料理自己的生活。

小贤的父亲虽然身患疾病,可为了养家,仍然在外面工作。母亲无法下床,需要有人照顾。因此,周末一放学,懂事的小贤就赶快回家,帮助父母洗衣服、打扫卫生、整理家务。为了更好地照顾母亲,小学还没毕业,他就不再住校,起早摸黑地挑起了家庭的重担,早晨做好一应家务才赶到学校上课,放学回家买菜做饭,等全家吃好晚饭,洗刷完毕,他又带着妹妹一起在灯下静静地做作业。

真所谓穷苦人家的孩子早当家。在这艰苦的环境里,小贤终日忙碌着,但他很高兴,因为,他的忙碌给家里带来了快乐,爸爸每天回来不再愁眉不展,妈妈在床头也时时露出笑脸,妹妹更是活跃得像只百灵鸟,整天说呀、唱呀、跳呀——只可惜小贤没法听到她说些什么、唱些什么!

看着全家人欢愉的场景,小贤更认真了,他抓紧分分秒秒学习,各科成绩始终名列班级前茅,而开朗的个性和从小练就的独立生活本领,也帮助他建立了良好的生活习惯。他,忙碌而有序,时间在他手里如同橡皮筋一样被拉长了,别人只能做一件事的工夫,他可以完成几件事,而且件件如意。他的自强不息精神感动了周围人,终于有一天,国家"宋庆龄基金会"给他送来了奖学金,一时间,小贤成了名副其实的校园红人。

如今,大学毕业的小贤在政府的帮助下,进入了商务服务企业,成了与健全人一样的"体面"人。然而,进入企业的小贤却重新经历了由被误解到认可的过程。

开始时,大家都认为他是聋人,没法正常交谈,因而疏远他,小贤对此不以为然。他说,政府照顾我的家人,我更应该担起家庭的重担,不能拖累他人。他仍然保持着在学校时的那股劲头,人们见到的是他终日忙碌的身影。早晨,他总是第一个到单位,把办公室打扫得干干净净，然后就埋头工作；午间，到食堂买点简单的快餐，他就坐到办公桌前，边吃饭边思考工作中的问题；傍晚，不管天气如何，他都准时下班，一路采购父母喜欢的菜肴，回到家就忙着做饭，照顾病中的父母。渐渐地，同事们发现，这个日常不说话的小伙子除了没法正常用语言交流，其他的都比周围的同事强。于是，大家主动接近他，关心他，帮助他，新员工在工作中遇到问题，也都愿意向他请教。工作不到两年，小贤就被评为生产积极分子，当上了部门的"头儿"。面对荣誉和新的工作，他并没有骄傲，而是集中更多的时间，以超常的毅力和精神，带领大家兢兢业业地工作在平凡的岗位上。

　　人说，三叶草是吉祥草，会给关注它的人们带来安详与幸福。小贤就像三叶草一样，在获得周围人鼓励和帮扶的同时，也以自己的热情和光华，为周围的人们带来温暖、吉祥和欢乐。

自信，让他坚强

初秋的正午，梁溪河欢快地流淌在锡城边，四周的植被摆脱了夏日骄阳的暴晒，乘着微风，尽情地翩跹着舞姿，红的、白的、黄的、蓝的、粉的……各自将美艳的身影毫无羞涩地展露给人们，为大自然传播着成熟和丰收的喜讯。

大路边，三个年龄不等、个头参差的年轻人急急地走来，打破了周围的静谧，他们那夸张的手势让人一看就知道这是一群聋人。他们脸上肃然的表情显现出了内心的紧张，也引来了人们的疑惑和关注。就在他们身后不远处，一个帅气的小伙子正聚精会神地盯着他们，一边注视着三人的诡异神色，一边快速按动着手中的手机，好像在给谁发短信。不一会儿，他收起手机，追上了前面那几个聋人，用同样娴熟的手势告诉他们，让他们等等。正当这群聋人疑惑不解时，小伙子身边已经聚拢了七八个同伴，不久，又来了两个民警。小伙子抬手指向面前的三个聋人，用不太清晰的话语告诉民警："他们是小偷，正在商议到闹市区去偷窃。"三个聋人转身想逃，小伙子和同伴们把他们紧紧围住，这群聋人被送到了附近的派出所。经过审讯，民警很快理清了案情，即将发生的盗窃案就这样被化解了。不久，派出所的警官来到特校，找一个名叫小卫的小伙子，感谢他为城市安全作出的贡献。

这个被称作"小卫"的小伙子是一名高二学生,长得一脸帅气。可是命运弄人,他出生不久就被诊断出患有家族遗传的弱听,到了四岁,父母把他送进了聋儿语言听力康复班。

入学后,小卫非常开心,这里除了同龄的小朋友,还有热情的老师。

负责语言康复的老师针对小卫弱听的特殊情况,设计了专门的康复方案。每天,小卫一到学校,老师们就会满脸洋溢着笑容,张着嘴巴,面对面地教他用舌头、牙齿和嘴唇组合发音。有时,还会牵着他的小手,让他一边抚摸老师的颈喉部,一边抚摸自己的颈喉部,对比着了解呼吸运动时咽喉部震颤的特点,学习送气发声。

当大地从冬眠中醒来,枯黄的小草在轻纱薄雾中慢慢地泛出青绿,池塘里的水波重新荡漾起小小的涟漪,各种花儿也红橙黄绿地次第开放,小卫也如同这些小草小花一般,经过艰难的训练和学习,能够张着小嘴,慢慢地模仿着老师的样子说话了。经过两年的康复训练,小卫不仅学会了聆听,还能根据说话人嘴唇的变化,理解意思,进行会话。而更难能可贵的是,面对陌生人,小卫从不自卑,能够大胆地同周围人交往。

不久,小卫升入了小学,在这里,他遇到了许多不熟悉的老师。看到这个大眼睛、浓眉毛,能开口说话的孩子,老师们十分喜欢,上课时会专门给他安排时间练习口语,课后,也经常跟他聊天。在这样的环境中,小卫逐渐成为了一个明事理、爱生活的少年,每天除了完成老师布置的作业,还认真做好预复习,主动跟家人交流,语言能力也越来越好。

小卫不但在学业上认真进取,还主动担负起后进同学的辅导工作。班上有一位跟随父母进城打工的同学,由于没有接受过早期康复,无法像其他同学那样会话交流,总是疏远于同学们之外。小卫就主动跟他交朋友,把家里的图书带给他看,把父母买的糖果送给他吃,还把他带到自己家里玩。这位同学学习上的困难很大,小卫又把自己的课堂笔记借给他抄写,帮助他建立起学习的信心。

随着年龄的增长和知识的积累,小卫发现,自己除了听觉不十分清晰外,并不比健全人差,这又进一步鼓起了他学习各种知识和技能的勇气,每当看到校园里有外来客人,他也会主动上前打招呼,充当客人与同学的"翻译"。

一次,一家外资公司的老总约翰先生带着员工来学校参观,许多同学看到白皮肤、黄头发、高鼻子的外国人,好奇中充满了畏惧,都远远地退缩到一边。小卫却笑嘻嘻地走到约翰先生面前,一边打着手势,一边用不十分清晰的话语跟他交流起来,当他知道约翰先生来自美国,就把周围的同学聚拢来,给他们一一作介绍。约翰先生见他不像其他学生那样胆怯,就通过随同的翻译,告诉小卫,他在美国有一些朋友也是耳朵听不到,但他们并不失望,都通过自己的努力,融入到了健全人中间,生活得很快乐。临离开学校前,约翰先生还特意找到小卫,邀请他和其他同学一起,利用休息时间去他公司参观。

从约翰先生那里,小卫获得了更多的精神力量,立志要勤奋刻苦,通过自己的努力,像健全人一样创造属于自己的生活。

一天,小卫见到美术老师在练习书法,老师手中自如挥动的笔,像展翅的小鸟,在白纸上翱翔,留下了一幅幅优美的字。他被老师的书法吸引住了,久久不愿离去,直到老师答应教他练习书法才兴高采烈地回家。

从此,只要有空闲,小卫就会钻进美术教室,绾起袖管,拿起毛笔,蘸上墨汁,一笔一划地练起来。老师见他对书法如此热爱,笔划之间又很有天赋,就带他去少年宫,拜访专业老师、与健听孩子交流。

在这里,小卫不但学到了很好的书法技巧,更接触了健全的同龄孩子,感受到了融入健全社会的重要性,回来后,练得更加刻苦认真了。

功夫不负有心人。几年下来,小卫的书法进步非常快,在省、市中小学生书法比赛中频频获奖,自此,小卫更坚定了信念。他说,病魔可以给我带来磨难和痛苦,但无法消磨我融入健全社会的勇气和力量。他不但学业上主动进取,还积极主动参与各种健全人的活动,并把自己的书法作品送到义卖现场,把义卖所得捐献给那些需要资助的人们。

如今,小卫已经大学毕业,走上了工作岗位,正以自己的实际行动,扮演好自己的社会角色,争当一个对社会主义现代化建设有贡献的有为青年。

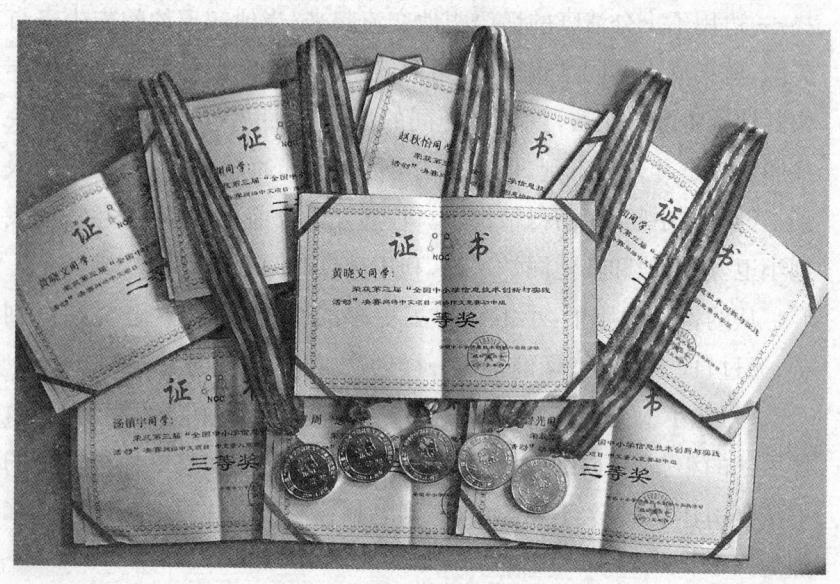

学生获得的信息技术类奖状和奖牌

我们对孩子零拒绝

春天总是那样短暂,当柳叶舒展开卷曲的身子,在小河缓缓的水流映照下,婀娜地摇摆着青绿色的身姿,漂浮的白云在湛蓝的天幕间慢慢地变换着姿态,湿润的空气已经告诉人们,夏天就要来了,暑假也即将到了。

就在这春末夏初的一天,门房老张领着一位满脸皱纹的老妇人来到校长室,正在忙碌的校长放下手中的工作,抬起头,就见一个小男孩腼腆地躲在老人身后。他站起身,把老人和孩子让进办公室,又亲手给老人沏好茶,趁着他们喝茶的功夫,仔细地端详起眼前这一老一少。蓦然间,校长眉头一皱:眼前这个瘦瘦弱弱的小男孩,单眼皮,小鼻子,嘴巴微翘,留着近乎光头的毫发,独独缺少了一双耳郭,而且耳孔也完全密闭!老妇人发现了校长惊诧的神态,一脸愁苦地开了口。

原来,这个男孩子叫小峰,是老人的外孙,医生诊断为先天性无耳症,这种病与胎儿时期母体受到伤害不无关系。自从有了这孩子,女婿和女儿常常吵架,搞得家中不得安宁。眼下,孩子到了上学年龄,又遇到了新的问题:没有哪一所学校愿意接受这孩子!

在特校工作了十多年的校长,各种残疾孩子都遇到过,但是，患先天性无耳症的孩子还是第一次见到。孩子由于耳朵缺失而上不了学，显然违反义务教育法。看着眼前的小峰，怜悯之情从他内心深处流淌出来，他爽快地告诉孩子外婆，我们学校对孩子零拒绝。说完，拿起桌上的电话，跟教务处主任通了气，然后，让老妇人领着孩子到教务处去办理报名手续。就这样，小峰被编入学前班，成了特校的一名特殊学生。

接受小峰入学不难，但是，要让他像其他学生那样学习可不容易。聋儿可以依靠FM助听语训系统，边进行语言康复，边学习手语，小峰由于耳朵缺失，根本无法进行语言康复训练，光靠眼睛看，学习难度是无法想象的。为了解决这个棘手的问题，教务处组织康复老师进行了专题研讨，大家一致认为，既然接收了这个孩子，就要对他负责，为他提供最适合的个别化教育。最终，确定了专项教育方案。

新学期开学后，小峰看到周围小朋友都戴上了学校发的教学用助听器，他流露出了好奇和羡慕的神情，不时用手去摸小朋友的耳机。看着他天真的眼神，班主任把他拉到一边，按照预先确定的教育方案，手把手地教他基本的手势：一、二、三……

从这天起，老师们每逢课余时间都分头陪小峰玩，边玩边教他认识周围的事物。他也觉得老师教的东西挺好玩，课上课下都模仿着老师的样子学习。可是，小峰相比其他小朋友毕竟缺少了听觉器官，无法通过助听设备进行辅助教学，影响了他对事物的理解。渐渐地，他产生了畏难怕学情绪，甚至上课不看老师讲解，做自己的事。看着他的变化，老师们心里都感到着急，有什么办法可以帮助小峰学得既轻松又高效呢？老师们又开始了新方法的摸索和探寻。

一次美工课，小峰在老师的指导下完成了一幅创意画，其中许多元素是他按照自己的观察和理解加进去的，小朋友看了都羡慕不已。

课后，美术老师在办公室展示了小峰的画，蓝天、小草、花朵，还有几只小蝴蝶，和谐的画面，斑斓的色彩，根本不像是一个刚刚进入学前班的没有耳朵的孩子画的。老师们议论纷纷，这不是说明小峰对形象化的事物有自己的理解，对色彩的运用有独到的天赋吗！大家传阅着、指点着、评论着，都从中获得了启发，也增添了教好小峰的勇气和信心。

学生创意画《世界真奇妙》

之后，老师们在辅导小峰时就尽可能地采用画面形式：用图形表达数字，用绘画教他识字，用色彩引导他表达自己的喜好……慢慢地，小峰的学习兴趣和智慧火花被重新点燃，而且，在学习中开始主动向老师提出问题。班主任又不失时机地教导其他小朋友多跟小峰交流，帮助他学习和了解更多的知识。终于，功夫不负有心人，一年不到，小峰就能比较熟练地借助手势语与别人攀谈和交流了，个性也开始开朗起来，还经常帮助老师布置教室。

然而,小峰的成长并非一帆风顺。周围同学虽然也都因听力缺损影响说话,但经过语训康复后都能够在助听设备帮助下感受各种声音,学习说话。小峰却由于耳道缺失,根本感受不到声音,更无从模拟各种声音表达自己的喜怒哀乐,一些调皮的同学还时不时地嘲笑他。此时,老师们总会出面干预,批评那些羞辱和欺负小峰的同学,指导他们正确对待比自己更需要照顾的残障人。

进入小学后,为了增加小峰的知识积累,老师们利用课余时间轮流陪他去图书馆看书,从图案卡片到动植物简笔画,从色彩丰富的连环画到科普故事,在阅览中,小峰的知识面逐步得到扩展,跟同学们交流的话题也越来越丰富。

随着年龄的增长,大家觉得应该让小峰更多地接触社会,了解书本以外的知识。老师们经常带他去学校附近的集市、小公园,边游玩边教他观察和认识各种事物,美术老师还专门安排时间指导他把见到的事物绘成图画,加深印象。这样,原本非常抽象的知识通过老师们的精心设计和诱导,就变成了一幅幅难以忘怀的画面留在了小峰的脑海里,为他学习和理解其他知识,作了很好的铺垫,他的学业也随之快速进步。

如今,小峰正专心致志地投身于紧张的学习,除了文化知识课以外,他特别喜爱美术课。他表示,将来一定要考上一所美术院校,用手中的画笔描绘出生活中的万紫千红,让多彩的世界变得更加美丽。

孤儿今夕

小冲是一位矮个子聋生,四方脸,小眼睛忽闪忽闪,透露着机灵,只要遇到老师,他总是远远地停下,边打手势边鞠躬,显得文静而有礼貌。然而,谁会知道,就是这样一位人人夸赞的学生,曾经是个陋习满身的孩子。

那是多年前暑假结束后的开学第一天,教务处门外进来一位中年妇女,自称是社会福利院的阿姨,送一个孩子来报名上学,说完,转过身拉出一个小男孩。教务处 X 主任放下手中的活计,抬头看了看那孩子,发现他小眼珠骨碌骨碌乱转,眼神中透露出的不是一般孩子的单纯和天真。隐约觉得这个孩子心理上可能遭受过创伤,但是,又觉得初来乍见,不能主观臆断,就按照入学程序给这个名叫"小冲"的孩子办理了相关手续。

没过几天,老师们对这个孩子开始有了反映:平常,只要被他看上的东西,不管是同学的,还是老师的,第二天就会出现在他的课桌里;有时,他还会跑到老师办公室翻抽屉,见到能吃的东西抓起来就吃。

听了大家的意见,X 主任没有多说什么,而是让班主任详细地了解这个孩子的成长经历。

原来,小冲自小就被父母和亲人抛弃,衣衫褴褛地流落街头,谁也不知他多大年龄,被人发现时正在超市里偷东西吃。之后,经公安部门与民政部门协商,他被安置到了市社会福利院,由一名工作人员负责管教,这样,他才有了属于自己的名字,生活也逐渐安顿下来。但是,由于从小没有受到良好的教育,随着年龄的增长,乱拿别人东西的陋习却难以改变,在管教人员打骂责罚都难以奏效的情况下,才被送进了特校。

　　了解了小冲的成长经历后,老师们冷静地进行了分析研究,寻找能够矫治这个孩子特殊行为的良策。最终达成共识:在给予爱心关怀的同时,进行专门的行为强化训练,使他尽快成为一个行为端正、价值取向正确的学生。

　　目标确定后,班主任和任课老师就开始了对小冲行为矫治方案的设计实施。大家边用爱心吸引他,让他感受学校和集体的温暖,边关注他的日常表现,寻找他身上的不规范行为,然后,有针对性地指出不足,一点一滴教以正确的做法。

　　在艰难的行为训练过程中,时间悄悄地过去,小冲也一天天长大,好习惯逐渐养成。但是,由于听觉的缺失影响认知,许多时候,陋习还会时不时冒出来。于是,老师们又想出了新主意:每当小冲主动关心班级与同学,或是改掉了一个坏习惯时,就及时表扬,并给予小玩具或糖果奖励;对于出现的反复,就严肃地批评和责罚。为了更好地督促和帮助他,班主任又让他担任了班级什物管理员,创造条件让他把精力放到正道上。

　　就这样,老师们花费了比一般孩子多很多倍的精力和心血,终于把他的不端行为慢慢纠正了过来。但是,大家觉得,要使小冲真正远离陋习,还必须教他用良好的行为填补陋习改掉后的"心理空穴",这样,才能把他改造成为真正的"好孩子"。于是,班主任又尝试着让小冲担任了副班长,每天管理班级纪律。

开始时,小冲只是按照要求,严格地管同学,自己却很随意。同学们向老师反映后,老师及时对他进行教育,告诉他自己首先做好了才有资格管别人。这样,小冲明白了什么叫"以身作则",并开始努力约束自己的日常行为。

一晃几年过去了,小冲不仅改掉了陋习,而且时时处处关心集体和同学,还经常帮助老师做一些力所能及的事,成了"执行规范标兵",受到了学校表彰,真的成了老师和全班同学心目中的好学生。

为了帮助小冲更好地成长,学校德育处又给他创造了更大的空间,安排他每天带领几位同学检查宿舍区。于是,小冲每天都早早来到学校,督促寄宿学生打扫卫生、整理舍务。对于不熟悉寄宿生管理规定或表现不佳的寄宿生,他也会耐心地指导他们,与他们一起学习寄宿生规范,帮助他们掌握必要的舍务管理常识。

由于小冲待人真诚、做事公正公平,不久,这个小个子同学就成了大家心目中的"领袖",在学生自管会换届改选时,小冲被大家选为自管会委员,担负起了更重要的管理职责,他在学校里更忙碌了。

每当小冲忙碌的身影在校园里出现时,老师们总会私下议论:如果这个孩子不进学校学习,将会成为怎样的一个人呢?如果在发现他有随便拿人物品的陋习,不详细了解和分析,采用简单的方法处理,他将成长为怎样的学生呢?如果在他成长过程中出现反复时,不给以宽恕和容忍,他又将会是怎样的一种状态呢?

好在生活没有假如,眼前的小冲正在茁壮成长着!

在九年级毕业前夕,小冲加入了共青团组织,成了一名光荣的共青团员。升入高中后,学校安排他住校,此时,已经有了正确价值观的他,学习、工作的积极性更强了。

每天一早,他总是把寝室内外打扫得干干净净,出操回来,就认真自学。早餐后,他又出现在校园里巡查,发现低年级小同学不文明的行为,他会加以制止,见到早到校的同学不抓紧时间学习,他也会劝导。课间,他总会到各处转转,俨然成了一个小老师。

转瞬之间,十多年过去了,一个不谙世事的聋儿长成了英俊的小伙子,特殊教育,就在这过程中,悄无声息地改变了他的人生。在小冲高中毕业前夕,市社会福利院领导专程来到学校,感谢老师们多年的教育。

如今,小冲已经走上了工作岗位,然而,他刚来学校时的模样仍然常常浮现在老师们的眼前:矮矮的个头,凌乱的黄发,小方脸上一双眼睛在机灵地转动,眼神中透露出的不是一般孩子的单纯和天真……

我们的小画家

春节刚过,东南风就早早降临锡城,静谧的校园在春风吹拂下,开始了新生命的萌动。小草悄悄地钻出湿润的泥土,带着冬眠的睡意,齐刷刷地伸出娇小的臂膀,舒展舒展肢体,向着挂在空中的太阳打个招呼;柳树的枯叶还没全部掉光,枝条上却已经爬上了小虫一般的嫩芽;小麻雀、小斑鸠、小喜鹊在宽阔的跑道边蹦跳着、嬉戏着,呼朋唤友,做着自己热衷的游戏。同学们带着节日的喜气,三三两两走进离别多日的校园,心情也格外开朗。

然而,在这充满着喜气和欢乐的氛围中,却有一个人双眉紧皱,似乎有无尽的心事压在心底。他就是六年级的小歆。

小歆生活在一个幸福的家庭,虽然自己从小失聪,但是,家人对他呵护有加,周围的亲朋好友也没把他当成聋孩子看待,因此,他从来就快快乐乐,无忧无虑。如今是什么让他思虑万千、心神不宁呢?

原来,今年春节,一个远房亲戚来看望爷爷奶奶,见书桌上摆放着小歆临摹的画作,很感兴趣地说,他有一个好朋友,是大学美术教授,可以介绍小歆去拜师学习。听到这个好消息,小歆兴奋了一夜,第二天,当这位亲戚要离开时,就想跟他一起去。可是,爸爸妈妈不同意,说那位教授在外地,来去不便,能够有学校美术老师指导就不错了。而且,春节后马上就要开学,不能因为学绘画而影响了正常的学习。

小欲想拜师学画的心思和遇到的苦恼很快就被班主任知道了,她主动跟小欲家长取得联系,共同商量既不影响学习,又让孩子的兴趣爱好得到培养和满足的方案。最终商定,每周五下午给小欲半天时间,去外地学习,周日回到学校,参加学校的美术社团活动。

在那位亲戚的引荐下,美术教授对小欲进行了一次能力测试,发现他的确具有美术天赋,对画面的观察、线条的理解、色彩的认识都比一般学生好,加上之前特校的美术老师给他打下了不错的基础,所以,欣然答应收下这个聋孩弟子。就这样,小欲开始了两地跑的拜师学艺历程。

不管是煦日暖阳的春秋季节,还是烈日炎炎的盛夏,或是冬雪纷飞的严寒,小欲都会准时来到教授家,把一个星期的习作交给教授,接受教授的指点。

一开始,由于小欲口语积累不多,在听教授讲课时打了很大折扣。语文老师了解后,就给他提出建议,课后除了完成老师布置的作业和绘画外,要增加课外阅读,提高对语言的理解和感悟水平。半年后,小欲的语言能力有了明显提高,与人交往时不但能看口形表情达意,还能在无法理解和表达时用书面语进行交流沟通。

为了让小欲有更多机会得到锻炼,美术老师利用业余时间陪他参观各种画展,拓展他的视野,让他了解更多的绘画技巧和方法。随着时间的推移,小欲的画作在不断地累积着,画技也逐步提高。

但是,在一次期中考试前夕,老师们反映,小欲上课老是注意力不集中,班主任仔细观察后也发现,下课后,其他同学都在开心地玩耍,只有小欲坐在教室里,显得心神不定,焦躁不安。班主任把他叫到办公室,向他详细了解情况。小歆突然大哭起来,说自己感觉最近学习压力很大,晚上老是做梦,梦见自己考不好,所以,很担心这次考试会考砸了。

面对小歆突发的心理问题,班主任及时跟家长取得联系,建议在考试前的复习阶段暂停孩子的美术学习,让小歆集中精力投入文化课复习。老师们也利用课余时间为小歆补习功课。学校还请来了专业心理师,给他做心理安抚和辅导。经过多方面努力,一个星期下来,小歆紧张的心理得到了调节和放松,重新回到了以前的状态。

接下来的日子,大家对小歆的关注度更高了。

期中考试后,班主任约来家长,会同其他老师一起,针对小歆的学习时段、学习方法等进行了全面会商,商量制订了新的时间表。在老师和家长的帮助下,小歆也吸取了之前在绘画与学习文化知识方面出现的偏颇,严格按照老师和家长的要求,把握好作息时间,文化知识学习和绘画都格外认真,进步也更快了。

一天,那位教授打来电话,说是打算推荐小歆参加全国青少年绘画比赛。听到这一消息,家长非常高兴,老师们也十分支持,小歆自然更兴奋了。

在准备参赛的日子里,小歆绘画的自觉性更高了,除了下午放学后抓紧时间,他还利用中午画室没人上课的时机,一个人钻在里面,按照教授的要求作画。

一个月后,小歆的画作在全国青少年书画比赛中荣获三等奖。小歆一下子成了同学们心目中的"小画家"。

从此,小歆绘画的积极性更加高涨,只要有时间就钻进画室,临摹样本,美术课上还给其他同学讲授学到的绘画技巧,指导他们学习绘画,俨然成了小老师,大家对他更加喜欢和尊敬了。

冬雪纷飞,春风微微,夏雨淅沥,秋阳高照。时间飞快地过去,小歆也慢慢地长大,从小学升入初中,又由初中进入了高中,虽然还是那样消瘦,个子却增长了一倍。他不仅文化课成绩在班上数一数二,手语和口语也掌握得非常好,绘画技巧更是得到老师和同学的夸奖,还被同学们推选做了班长。

担任班长后的小歆又承担了许多繁琐的社会事务,然而,他并没有因此而影响学习,而是又学会了巧妙地安排时间,把班级工作、学习文化知识和绘画处理得井井有条,各个方面都成了同学们效仿的榜样。

又是一个深秋季节,小歆参加了全省中小学生美术作品比赛。消息很快就传来了:小歆的国画《喜登惠泉山》获得了创作一等奖。捧着获奖证书,小歆开心地笑了,他为家长、老师对自己的支持而高兴,也为自己的努力有了丰硕的成果而欣慰。

当回忆起自己一步一步走过的艰辛之路,小歆不无骄傲地表示,这么多年,他不但掌握了绘画技能,更重要的是学会了如何巧妙地用好时间,怎样融入主流社会,成为现代社会的一员。

青春易懵懂

春末时节,天气已经很炎热,连续多日的西南风一阵紧一阵地吹。小草卷起了舒展的嫩叶,花儿闭上了美丽的眼帘,就连屋檐下的小燕子也收起了翅膀,不敢随便往外飞。同学们开始缩着脖颈,在课堂上萎靡不振地打盹。一切都在提醒着人们,夏天就要来啦!

在这春夏交替的季节,小梁却分外懵懂和哀伤,上课时心思不在,沉闷不语,课后也是情绪低迷,闷闷不乐。

看,今天他又一个人坐在角落里发呆了,连班主任老师走到了他身后都没察觉。

老师轻轻地拍了下他的肩膀,小梁一怔,扭头发现是班主任,脸微微地一红,低下头去。老师把他带到自己的办公室,让他坐下,给他倒了杯热水。看着热情的老师为自己做的一切,小梁的双眼噙满了泪水。

小梁姐弟俩都是聋人,母亲早年病故,父亲一个人依靠艰辛的工作和微薄的工资养育着一双儿女,根本无心关注孩子的精神需要。姐姐小燕初中毕业就参加了工作,而今,又将结婚了。跟姐姐相依为命的小梁也将要初中毕业,是升高中还是就业?离开姐姐后又如何生活?这些都成了困扰他的焦点,以致他都无心上课了。

了解了小梁的心思后，班主任会同全体任课老师对小梁的情况进行了全面分析，提出了同心协力为他创设良好学习环境的方案，又邀请他父亲来校，围绕小梁的智力、学业、成长环境等情况作了一次深入交谈。父亲表示，只要孩子能够上高中，即使再苦再累，他也会给孩子提供学习机会，帮助他掌握更多知识，为他铺就健康成长之路。

在各方全力配合与关怀下，小梁终于顺利地进入了高中。

在新学期报到时，小梁非常自信地向老师表示，一定要好好学习，争取考上大学。面对信心满怀的小梁，老师欣慰地笑了。

对学习充满信心固然令人振奋，然而，现实却是严酷的！

高中的课程增加了许多，从文化课到专业课，课表都排得满满的。面对迎面扑来的课程，小梁有点力不从心了。班主任了解了他的成长背景后，安排他与班长小圆同桌，并让他们结成了互帮对子。

小圆是个外地女孩子，不但长得清秀端庄，学习成绩优异，而且，待人热情，落落大方。接到老师布置的互帮任务后，她每天除了完成自己的学业、做好班级工作外，就主动帮助小梁复习以往的功课，还跟他谈论自己对人生的看法及追求。在她的影响下，小梁逐渐远离了孤寂和苦闷，开始主动融入班级集体，不管是班级主题活动、学校技能大赛，还是"大手拉小手"义务劳动，或是到社区为孤寡老人献爱心，他都踊跃参加。

随着学业的进步，小梁开始热衷于信息技术。课上，他认真按照老师的指点，在荧屏前一步一步操作，课后，他又从图书馆借来大量信息技术的书籍，潜心学习钻研。见他如此迷恋信息技术，老师也对他格外照顾，让他协助老师管理电脑房。这样，一有空，小梁就钻进电脑房，按照书本上学到的技术，模仿制作各种图片、设计各类小报。没多久，他就成了同学们心目中的"电脑专家"。

处在青春期的少男少女对未来都充满着憧憬,会不自觉地把电视影像中见到的故事与生活中的自己联系起来,设想出超越自身的幻境。小梁在成为同学们心目中的"名人"后,内心也朦朦胧胧地生出了青春的嫩芽,在与小圆的接触中,隐隐的好感,渐渐地成为一股青涩的泉流,从心底潜滋暗长起来。他开始注重自己的衣着和外表,想方设法向父亲、向姐姐讨要零花钱,不时买点好吃好玩的送给小圆,还利用周末约小圆一起去逛街、看电影。

细心的班主任从小梁的变化中隐约察觉到了一点什么,又从小圆的周记中了解了小梁对她的好感。考虑到青春期对孩子终生的影响,老师没有放任,也没有急于出面,而是从外围做工作。她先在班级里按性别组织生理知识教育,让同学们全面了解和认识青春期将给自己带来的生理和心理变化,使大家懂得青春期带来的欢愉与责任是并存的。又以"青春啊,青春"为主题,组织多种形式的主题教育活动,引导同学们把更多的精力和时间集中到学业上。之后,她又找小圆谈心,表扬她对小梁的无私帮助,同时,勉励她,要不断进步,提防林林总总的诱惑对自己的影响。

在做好外围工作的基础上,班主任找到了小梁,在充分听取和了解他的思想和看法后,对他进入高中后所取得的成绩给予了表扬,又给他讲述了自己如何安度青春期的故事,也设身处地分析了眼下的学业、将来的事业和婚姻家庭的关系。聪明的小梁在静心听完老师的话语后,低着头思考了一会儿,猛地抬起头,好像丢弃了背着的巨大包袱似的,深深地吸了口气,说道:"老师,请看我的行动吧!"

此后,小梁把更多的时间和精力放到了学习上,老师也有心引导他在热衷的信息技术上有所成就,推荐他参加全国中小学生信息技术应用竞赛。

在准备参赛的日子里,小梁不分昼夜地埋头于电脑房,从键盘文件输入到文本编辑,从图片修改到创意画作,每日里,除了上课,他都像随时上战场一般,一门心思地坐在电脑旁。两个月下来,他已经成竹在胸,跃跃欲试,随时准备与全国各地的同龄健全学生在赛场上作一比试和交流。

终于,经历了三天的角逐,从广州的赛场传来了喜讯:小梁在报名参加的两个项目中获得了一金一银,并与同往的三位同学一起,赢得了团体奖。由于参赛的1 000多名选手中只有小梁等四位聋生,大会组委会还专门为他们颁发了"特殊贡献奖"。

从广州回来后,小梁并未因获得了荣誉和奖赏而沾沾自喜、停滞不前,而是继续发奋努力。他知道,自己参加信息技术比赛占去了很多时间,文化课学习落后了。

这之后,小梁的身影成了校园里一道独特的风景:清晨,当大家还在用早餐时,他已经在树荫下诵读那些枯燥的文字;午间,当大家都在聊天娱乐时,他却坐在教室里静静地回忆老师课上讲过的内容;放学后,当大家在球场上奔跑玩耍时,他又一个人悄悄地在专业教室温习着学过的点点滴滴……

功夫不负有心人。经过艰苦努力,小梁收到了北京联合大学发来的录取通知书。此时,大家才回过神来仔细地打量他:个儿比三年前长高了一个脑袋,由于消瘦,眼窝深陷,原本就不小的眼睛,显得更大了,不苟言笑的脸上挂上了一丝甜蜜的笑意。

是啊,谁说懵懂的青春不能清醒?谁又能肯定,清醒后的青春不会焕发出更加夺目的光彩呢!

转学,转学!

"十一"长假刚过,静谧的校园又沸腾了起来,浓密的香樟树枝叶间,小鸟们在争吵戏耍,叽叽喳喳叫个不休。校园各处,经过一周休整的孩子们重新相聚,各自讲述着在家的所见所闻,特别是低年级的孩子,经过语训康复,具有了一定的语言表达能力,但还不懂得控制音量,几个孩子聚在一起,哇啦哇啦,显得格外热闹。

行政办公楼内,新学期刚转学来的小万的家长满脸嬉笑地敲开校长室的门,校长看着他那莽撞而又急切的样子,招呼他入座,可他却一脸兴奋的样子,搓着双手,不停地说着:"谢谢您,校长,真是太谢谢您啦!"接着,笑盈盈地讲起了他孩子由不愿意转学到不想回家的故事。

小万家长在锡城打工,孩子跟着奶奶在家乡一所特校上学。打工间隙,作为父亲的老万常常听到周围好友提到孩子进城上学的话题,也动了心思,就上网查询,了解到锡城特校的影响度,于是,让孩子转学就成了夫妻俩的心愿。

回到家乡,把心事一说,老人倒是很支持,但小万自小跟着奶奶长大,而且在学校一直是学习尖子,老师也把他视作"宠儿",因此,他态度十分坚决地表示:我不要转学!

见孩子倔脾气上来了,父亲就想了个委婉的办法,让小万暑假来父母身边度假。在锡城期间,父母带他游历了山水相依的鼋头渚,观赏了风光旖旎的蠡园,还坐缆车游览了锡惠公园,同时,也顺道参观了特校。

面对镂空的围墙、乳黄色的高楼、明亮的窗户、宽阔的大操场和各种现代化教育设备,小万的眼睛闪耀出满足和探寻的光芒。回到家,饭桌上,他用不太清晰的声音小声地问父亲:"我可以转来一个学期试试吗?"

父亲怀着一丝疑虑拨通了学校的电话,转达了孩子的愿望,学校经过认真研究,同意小万试读。

新学期第一天,个头不高,头发微黄,瘦瘦的脸上嵌有一双充满探究欲的眼睛的小万进入了六年级的学生名册。

第一天放学回到家,孩子不声不响地做作业,父亲问起在新学校的感受,他只是轻描淡写地说了三个字:"还不错。"

就这样过了半个月。一天,小万放学回家很严肃地向家长提出,要回家乡学校学习。面对突如其来的变化,原本以为孩子已经定下心来学习的父母大吃一惊。详细询问后才知道,孩子在家乡学校整天受到老师表扬,而转学过来后,感觉跟不上老师的教学进度,与其他同学相比,自己的学习成绩排在了最后。

第二天,家长把孩子的想法告诉了老师,希望得到学校的支持。班主任找小万谈话,知道他是带着"骄、娇"二气转学来的,然而,进入新班级后,新教材让他傻了眼,那不再是他所熟悉的聋教材,而是义务教育配套教材,不管是知识面还是知识量都有很大变化,比聋教材深得多、难得多。虽然任课老师们在发现小万学习困难后,都抽时间为他开小灶补课,但是,小万心理上遭受的打击可能出乎了他内心能够承受的范围,于是,他逐渐地开始厌学,甚至不做作业。被老师批评后,他就产生了回家上学的念头。

在充分了解情况后,班主任一方面做小万的思想工作,一方面与各科任课老师一起设计转化方案,大家在教学新知识的同时,每天为他补习以前没有学过的知识。半个月下来,小万逐渐摆脱了退缩和厌学的情绪,心思慢慢地安定了下来,每天回家就上网查阅资料,还向老师借了好多低年级的教科书,带回家自己补习,一步一步进入了正常的学习状态。

这次国庆长假回家乡,原先的老师同学听说他现在学的是义务教育教材,都夸奖他了不起,他感到分外高兴,回到锡城就表示,要继续留下来学习。

此后,老师们更加关注小万了,只要有空,班主任就会跟他聊天,各科老师都会在课余时间了解他的学习情况。一年下来,小万不仅学习成绩赶上了大家,身材也犹如雨后的春笋,节节拔高,原先矮小瘦弱的他,逐渐显露出了魁梧的身材,体育老师又介绍他参加了乒乓球队。凭着聪颖的天资和勤奋的劲头,小万逐渐成了班上的学习尖子,在学校组织的各项活动中,也常常显山露水,可以拿到大奖。到八年级下学期,小万当上了班长,还被推荐为学校学生会干事。

每次节假日回家乡,小万总会走访以前的老师和同学,得意洋洋地述说自己的成长和快乐,大家都夸他"知识越来越丰富,眼界越来越宽广了"。

春去秋来,年复一年,又一个学期开始时,小万父亲又一次来到了校长室。这一次,他不是来讲述孩子转学问题,而是带来了一封感谢信。

校长打开信封,里面是一张署名某派出所的信笺。原来,孩子回家乡过暑假,与小伙伴上街时,发现几个年龄跟自己差不多的男女,打着手势,鬼鬼祟祟地跟着一个老太太。他感觉可能是聋人盗窃团伙,就与小伙伴分头跟踪,当那团伙中的一个人把手伸进老太太的口袋时,小万快速冲上去,紧紧抓住那只刚从老太太口袋里抽出来的手,并在周围群众的帮助下,把这个小偷扭送到了派出所。为此,派出所写了一封热情洋溢的感谢信,既表扬了小万见义勇为的精神,也感谢学校在聋孩子思想教育上的成功。

  双手拿着这封不寻常的感谢信,校长的内心久久不能平静。小万的转学经历以及后来成功的教育,让他感受到了教育环境的重要性。是的,良好的校园校貌、现代化的教学设施设备、教师与时俱进的教育理念以及教材教法与普通教育的紧密衔接……都无不影响着现代特殊教育。

我并不缺什么

"小萌入党了!"

一条振奋人心的消息,打破了午后校园的沉寂,很快传遍了所有的办公室,激荡着每一个教师的心灵,特别是那些曾经教过小萌的老师,更是喜出望外,奔走相告。

谁能相信,一个大学毕业工作不久的聋人居然能够超越常人,加入中国共产党,成为党的一员!然而,事实却实实在在地摆在了大家面前。

小萌出生在一个双职工家庭,虽然家庭经济不是十分富裕,但父母恩爱,长幼有序,倒也分外和睦。可是,在小萌两岁时,厄运降临到了她的身上。

那年冬天,天气格外寒冷,腊月初八这天,小萌感冒了,妈妈没送她去幼儿园,把她托付给了隔壁的老奶奶。乖巧的小萌就一个人蒙着被子,蜷缩在冰冷的床上。傍晚,妈妈回家,发现她满脸通红,浑身滚烫,急忙送到医院。医生检查的结果显示,小萌患了小儿急性肺炎,必须住院治疗。那时的医院,医疗水平差,既没有单独的病房,也没有空调暖气,妈妈舍不得让她在寒冷的病房中过夜,就把她背回家里休息。可是,到了半夜,小萌体温急剧上升,以致说起了胡话。爸爸妈妈吓坏了,不顾天寒地冻,又把她送进了医院。

一个星期后,小萌出院回到家,随着病情的好转,性情也变了,原本活蹦乱跳的她总是一个人搬个小凳子,坐在门口四处张望,谁跟她说话都不理睬。开始时,大家以为她身体不好,都没当回事。然而,时间一长,发现她对任何声音都没反应,这可急坏了爸爸妈妈,他们又一次把小萌带到医院。检查的结果令他们无比揪心——小萌双耳听力都只有90分贝,成了聋孩子!

看着簌簌掉泪的爸爸妈妈,小萌却无法感知他们内心的痛楚,从此,万籁之音对她失去了诱惑和吸引力。

不久,小萌进入了特校。老师们发现,小萌虽然不是智力超常的孩子,但小小年纪的她充满着自信,表现出一种不屈服命运的抗争,不管上什么课,她都非常认真,遇到学习上的拦路虎,也从不低头,总是刻苦钻研,主动请教。

随着年龄的增长和知识的积累,小萌有了自己的想法,她常常对自己说,我并不比邻居家的孩子缺少什么,只要勤奋、踏实,就没有学不会的东西。她也常常用这话激励身边的同学。因此,老师喜欢她,同学们也都喜欢她,喜欢她的真诚,喜欢她的执着,更喜欢她迎难而上的精神。

对于聋孩子来说,十多年的学习生活是艰辛的,可是,小萌却觉得学习给她带来了无与伦比的快乐。从小学一年级到高中毕业,小萌不但学习成绩优秀,而且,培养起了勤奋努力的品质和自主自立的能力,模样也由原先不起眼的黄毛丫头脱落成了亭亭玉立、美丽动人的大姑娘。

不甘人后的小萌终于以优异的成绩考进了省城的一所大学,实现了自己梦寐以求的愿望。当她迈步在大学校园,心头不由升腾起新的强烈愿望:要以自己的勤奋和努力告诉周围的人们,我并不比你们缺少什么!

四年的大学生活对小萌而言是充实的,它不仅给小萌提供了专业成长的平台,也催化了小萌的思想成熟。她活跃在大学校园的每一个角落:校园文化活动,你能见到她的身影;社会公益团队,你能见到她的笑容;校园布告栏的奖学金名单上,你能找到她的名字……最终,小萌带着满身的青春活力和高度的责任心步入了社会。

毕业后的小萌被优先分配进了一家事业单位做文员。文员工作主要是操作电脑,进行文本的输入输出,在常人看来这是单调又枯燥的工作,小萌却干得有声有色。日常工作繁多而琐碎,小萌从工作的第一天起就静下心来,认真地学习、梳理、总结和归类,一个月下来,就理清了工作头绪,全身心投入到了工作之中。

一天早晨,小萌刚进办公室,一位同事急匆匆地送来一份几十页的文稿,告诉她,下午就要带去外地,希望小萌能够尽快打印出来。看着眼前厚厚的一沓材料,小萌二话没说,轻轻地点了点头,就打开电脑开始输入。然而,细心的小萌发现,可能是因为任务赶得急,也可能是那位同事晚上加班过于劳累,手头的这份材料在语言组织上存在不少问题。认真的她就一边输入,一边用笔在材料上做记号,然后再一处一处地与那位同事商量修改。几次下来,那位同事感到不好意思,可小萌却觉得,自己应该这样做,否则送出去的材料可能给客户留下不良印象。中午时分,大家都吃饭去了,只有小萌还一丝不苟地在电脑上操作着。午后,当那位同事来取材料时,小萌已经把材料全部打印完毕并装订成册。可谁会想到,此时的小萌还饿着肚子呢!

做过文案的人都知道,公文文稿的标题、正文都有固定的格式,特别是对外交流中的文件,更是要求严格。

一次,在打印文稿时,小萌发现草稿中的英文名称好像有误,就与起草人沟通,经过认真校对,及时修改了错误,避免了一起因工作失误而给单位造成的巨大损失。

　　天长日久,大家都觉得小萌虽然无法正常地跟人进行语言交流,但她工作认真负责,细心踏实,是个了不起的姑娘,她身上那种对事业执着的态度和工作中忘我的精神,更是令人敬佩。

　　当大家的评价通过各种途径传达给小萌后,这个平时无言无语的姑娘眼里噙满了激动的泪花,她用笔在纸上写道:我没做什么大事,只是想用自己的行动证明,我并不比身边的任何人缺少什么!

　　此后的小萌,更积极地投身于工作,三年不到,就加入了中国共产党,成了响当当的聋人先进分子。

这里没有歧视

期末考试结束了,学生开始寒假前的短暂休息。这天天气特别晴朗,阳光洒在静谧的校园里,香樟树在微风的吹拂下,轻轻晃动着翠绿的枝叶,小鸟们在树丛间不知疲倦地叽叽喳喳,似乎在为如何衣食丰足地度过暖阳之后的寒冬而争执着;草坪上,两只小花猫正舒展着肢体,懒洋洋地躺着晒太阳,显得安逸自在,就好像寒假就是为它们而放,好让它们尽情享受这无人打扰的空间。教学楼走廊上,几个忙碌的教师身影一闪而过,他们正在做着学期结束前的最后工作。

此时的办公室里却热闹非凡。刚从外地大学放假回来的学生正聚集在老师们跟前,谈论着进入大学后的感想,其中最引人注目的当属那个缺少耳郭的矮个子男生。只见他一边手舞足蹈地打着手势,一边抑扬顿挫地讲述着,引得周围的同学和老师个个都瞪着眼、张着嘴巴看他——无疑,他成了今天的主角。

这个能说会道的学生叫小苏,今年暑假刚从学校毕业考进大学。也许你会问,特校居然还有能说会道的学生?是的,这里还有一个颇值得讲述的故事呢。

小苏出生在一个双职工家庭,当他来到这个世界,长辈们听说是个男孩时,心里都涌起了一股幸福之感,然而,大家抱起这个孩子,却惊讶地发现,孩子脑袋的左侧少了个耳朵,不,确切地说,是少了一个左耳郭!

虽然这是一个身体有所残缺的孩子,家中却无人歧视他,甚至,长辈们待他比其他孩子还好。就这样,小苏像树丛里的小鸟一样,快乐地成长着。

不知不觉就到了入学年龄,小苏第一天坐到课堂里,就引来了同学们的嗤笑。回到家,小苏把自己的遭遇告诉了奶奶,奶奶陪他去找老师。但是,孩子是天真稚气的,他们对小苏并非恶意侮辱,老师虽然教育引导了,却杜绝不了那些调皮孩子在私底下对小苏的心灵伤害。为此,小苏还经常与那些羞辱自己的孩子打架,几次下来,反倒成了学校有名的"打架王"。

看着小苏脸上时不时增添的伤痕和整天哀伤的神情,爸爸妈妈直摇头。

一次,去外婆家,外婆说起了离家不远的特校,那里的孩子都是残障人,该不会嘲笑身体有残缺的孩子吧!家人统一思想后,怀着试一试的心态,带着小苏走进了特校。

很快,小苏的转学手续就办好了。当他背着小书包,坐到课堂的时候,老师向大家介绍了小苏的伤残与大家的不同点,希望大家都能平等对待小苏。就这样,小苏成了特校特殊的一员。

由于之前没有学过手语,开始时,小苏跟同学交流非常困难,只能整天听老师讲。发现这一情况后,班主任就特意给他安排了一位有点语言基础的同学作为同桌,还每天给他"开小灶",教他学习手语。小苏毕竟是有听觉的,而且思维反应也很敏捷,一个月下来,就能跟同学进行简单的手语交流了。

学会了手语的小苏,就如同进入深潭的蛟龙,活跃在校园的各个角落,同学们也都愿意跟他交朋友,渐渐地,他就成了同学们的核心。

上课时,老师讲课采用口语配合手语,许多没有听力的同学只能依赖手语,而手语表述中由于语境的变化,常常会产生理解性偏差,这样,一些同学对比较抽象的概念、原理就难以理解,而小苏手语和口语都有了基础,学习时显得轻松又自在。学校组织校外活动时,别人要通过老师翻译才能跟健全人交流,而小苏却能够直接跟人交流,还能协助老师担任翻译,因此,小苏又成了大家的好帮手。

记得八年级的一天,数学老师讲了二元一次方程式的计算,课上,新概念一个个出现在大家面前,又是x、y,又是配方,又是等式,许多同学被搞得头脑昏昏,一筹莫展。没等到下课,大家就围着老师问长问短,只有小苏一个人在埋头做着老师布置的作业。老师走到他跟前,拿过练习本一看,练习题全部正确。此后,小苏就当上了数学课代表,同学们有问题都向他请教,他也来者不拒,直到提问的同学满意地点头,他才露出欣慰的笑容。而这样的业余辅导也促使小苏更加热爱数学,遇到课上没听清或没搞懂的知识点,他总会做上记号,利用休息时间,悄悄地到办公室请教老师。他还到书店买来各种书籍,扩展自己的知识视野。不久,小苏又成了大家心目中的"数学家"。

但是,身居聋人世界却有着健全人听力的小苏,有时也会受外部世界的负面影响。

有一阵,韩剧成为影视剧中的新贵,韩剧中的明星也成了人们茶余饭后的谈资。处在青春期的小苏也受到了影响,不但让妈妈给买时尚服装,把自己打扮成韩剧中明星的模样,而且,开始给班上漂亮的女生递纸条、约会看电影。一时间,小苏变得无心学习、作业拖拉,学习成绩也开始下滑。班主任发现后,及时联系家长,一起做小苏的思想工作,引导他认识韩剧偶像的艺术性与现实生活的差距,理解青春期对男女同学成长的意义，纠正他不分是非地模仿影视剧的做法。很快，小苏就从"韩潮"中退了出来，回到现实之中。

　　回到现实世界的小苏，明白了自己身处何地，应该追求什么。于是，发奋努力，立志要把之前丢失的时间和功课补回来！

　　高中三年是非常艰辛的，没有一定的毅力就不可能顺利完成学业。小苏依靠强韧的意志，凭借自己的长处，一路钻研，一路刻苦，一路拼搏，终于站在了自己设定的目标之巅——成了一名响当当的大学生！

　　如今，小苏从大学休寒假回来，又回到了老师身边。看着这个侃侃而谈的缺少耳郭的大男孩，曾经教过他的老师都感到非常欣慰。是啊，如果当时不让他成为特校的一员，如果我们的教育也排斥"异类"，如果听凭他在青春萌动时受"韩潮"影响……小苏还会是现今这个样子吗？

　　答案很明确：特校没有歧视！

她成了残障人的臂膀

腼腆的芸芸当上了区聋人协会主席!

曾经教过芸芸的老师从报纸上见到这则消息,眼前立马浮现出一个矮个子、圆脸蛋、脸颊上时常荡漾着两个小酒窝的小女孩,带着一帮男女同学挥汗如雨地打扫校园积雪的形象。

那是数年前的一个冬天,一夜的大雪给校园的操场、草坪、树枝都覆盖上一层厚厚的绒被,银光璀璨,晶莹剔透,天空还不时地飘飞着几朵雪花,几只觅食的小麻雀在雪堆里跳跃、啄食,偶尔叫唤几声,显示着在这样寒冷的时节中生命的顽强。这是江南少有的寒冻天,学校适时地通知师生们放假避寒。

难得见到雪景的孩子们欢天喜地。一大早,芸芸就约了几个同学一起去太湖景区看雪景,见到马路上因为积雪太深,不时有路人摔倒,开始同学们还嘻嘻哈哈逗乐,但是,几次下来,芸芸不再言笑,她若有所思地站了一会儿,转过头,打着手语告诉身边的同学:"我想去学校看看!如果积雪不化,夜里结冰后会寸步难行,老师同学明天到学校上课时不是也面临着摔跤的危险吗?"被她这么一提醒,大家觉得有道理,于是,相互约定,下午去看看雪后校园的情况。

吃好午饭,芸芸率先来到学校,在校园里转了一圈,发现教学楼和宿舍楼廊道里积满了雪,就张罗着四处寻找工具,等同学们来到之后就一起把楼道里的积雪扫去,使第二天来校上课的师生们避免了滑倒摔伤的危险。

其实,芸芸关心学校、关心同学的故事很多。

芸芸出生在一个知识分子家庭,虽然幼年因病丢失了听力,父母长辈也曾在带着她四处求医而无法挽回的情况下产生过苦闷、无奈的心绪,但是,对芸芸的教育却从来没有放松过。他们总是教育芸芸要有爱心,要用积极的心态看待世界,要学会常人拥有的知识和本领,主动与健全孩子交往,因此,芸芸从小就懂得自己是集体的一员,要让大家接纳你,首先要付出自己的爱心去接纳别人。

入学后,老师的教育又让她懂得了什么是文明,什么是礼貌,什么才是自己立足社会的根本,什么样的人才是未来社会所需要的。学习上,她孜孜以求,勤奋不舍,经常因为一个难题钻研不透而四下求教;运动会上,她总是参加难度大、其他同学不愿报名的项目,而且常常满载金牌而归;文艺会演时,她又成了"舞美仙子",与舞蹈队同学一起,把江南名曲《茉莉花开》演绎得栩栩如生,一直跳进了北京人民大会堂,还受到中央领导的接见……而最让大家感动的,还是她把学校当成自己的家,把个人情怀付诸集体之中。

一次,班上一位同学因病住院掉下了许多课,芸芸觉得,每一个同学都是集体的一员,一人有难应该大家相助。因此,当那位同学出院回到家,她就每天安排时间去给她补课,把老师课上讲的内容整理好借给她看,并针对那位同学提出的问题一五一十地仔细分析和解释。当同学病愈来校复课时,很快就跟上了学习进度。那位同学的家长感动地找到老师,希望学校宣传芸芸这种以学校为家、以集体为荣,关心和帮助每一个同学的精神。

时间一晃，几年过去了，芸芸大学毕业走上了工作岗位。由于她品学兼优，工作能力强，区残联根据她的特长和表现，安排她到聋人协会工作。

　　初到聋人协会，一切都是陌生的，芸芸对一切也都充满了好奇与希望，她把自己的所有时间和精力都投放到工作中。在领导的支持下，她首先对区内所属的聋人进行摸底调查。调查中发现，一些年纪比较大的聋人由于内心长期苦闷和工作压抑，产生了自我封闭、自我鄙视的心理，不愿意与人交流沟通，甚至嫌芸芸的登门拜访"麻烦"，不愿配合她的工作。芸芸没有在粗暴和冷落面前打退堂鼓，而是不厌其烦地解释，让他们明白，调查的目的是为了帮助政府了解大家的处境，建设全纳社会、改善大家的生活和工作环境。在她的努力下，一份关于全区聋人生活环境和质量的报告摆放到了区残联领导的办公桌上，成为制定全区残障人社会保障条例的重要依据。

　　出师顺利，首炮打响，芸芸却并未因此而满足，她知道，残障人事业是帮助社会最底层的人获得平等权益的事业，也是建设文明社会的重要体现，作为专职的聋人协会工作人员，有责任和义务为大家谋求更好的工作环境。于是，她又确立了新的目标——改善聋人工作环境。

　　在有些人看来，芸芸不断确定新的目标就是给自己"添乱"，因此，有好朋友劝她少给自己"惹麻烦"。芸芸微微一笑，告诉他们：这是我的分内事，残障人都不替残障人做事了，谁还会主动来关心我们呢？我要通过自己的努力，帮助大家改变苦累脏差的工作环境。

　　定下目标的芸芸有空就往企事业单位跑，前后三个月时间，把全区所有企事业单位的用工情况摸了个透，也向各单位领导宣传和介绍了优待残障人的相关政策和做法。接着，向区领导提出了进一步调动和发挥残障人积极性，搞好企业管理的想法。在她的不懈努力下,许多单位改变了"残障人只会搬搬重物、扫扫地"的落后观念,在用人方式上开始向残障人倾斜,凡是有较高学历或一技之长的残障人,都被安排到相应的岗位,做上了与他们所拥有的学识、技能相符的工作。

此后,芸芸又做了许许多多类似的工作,实实在在地帮助全区残障人改善了工作、生活等各方面的条件。

两年下来,芸芸的工作不但受到领导肯定,也得到了广大聋人的赞誉,他们把芸芸称作他们的"左膀右臂"。当新一届区聋人协会改选的时候,芸芸很自然地被大家选为主席。

面对新的工作和荣誉,年轻的芸芸毫无思想准备,但是,她坚信,只要把残障人事业作为自己的毕生追求,一心一意为残障人服务,就一定会得到领导、社会和残障朋友的支持,自己所确定的每一个目标也一定能顺利完成。

如今,芸芸正在为自己确立新的目标,并为之不断努力。

小颖圆了大学梦

期末考试刚刚结束,教师们有的在赶批试卷,有的在做着暑假前的准备工作。屋外的骄阳炙烤着大地,树上的知了不停地鸣叫,为这闷热的天气又增添了一层浮躁。下午,门卫老袁挂着一头汗珠,像以往一样,拿着一叠报纸,轻轻地敲开了校长室的门。放下报纸,转身离去时,他欲言又止地停了一下,似乎有事要讲。校长停下正在键盘上忙碌的双手,用眼神向他发出了询问。

"门外有个女人,带着一个孩子转悠好半天了。"老袁快速地说出了心里的秘密,顿了一下,又补充道:"可能是要转学吧。"

校长侧过脑袋思考了一下,点点头,说:"那就请她们进来吧。"

不一会儿,校长室门口就站着了一位个子偏高、身体微胖的中年妇女,圆圆的脸庞被燥热的空气熏得通红,身后紧跟着一位个子跟她差不多的大眼睛女孩,扑闪着双眼,透过母亲的肩头向里张望。校长站起身,把她们让进门,又给她们倒上两杯茶。中年妇女接过茶杯,轻轻地啜了一口,抬起眼扫视了一下简陋的办公室,换了一下坐姿,看着身边的女儿,眼泪就如连线一样淌了下来。

见此情景,校长连忙把手边的纸巾盒递给她。她拉出一张纸巾,擦了擦脸,深深地喘了口气,鼓起勇气讲述了事情的原委。

女儿小颖幼时因药物中毒,造成听力损害,被送到聋儿听力语言康复中心参加语训。在老师和家人的共同努力下,几年下来,小颖读唇、会话能力都很不错,于是,顺利地进入普通小学学习。孩子虽然失聪,但是个性要强,学习成绩一直没有大起大落,随着年龄增长,很顺利地升入了初中。

然而,进入中学后,学业难度增大很多。小颖毕竟是个听力缺损的孩子,上课时,老师讲得快,她听不清,只能问同桌,时间一长,同桌的学习成绩受到影响,要求换座位……如此这般,全班同学一个个都曾与小颖同桌过,又一个个逃也似的离开了她,小颖的学习成绩也每况愈下起来。

在众多家长不愿意自己的孩子与小颖同桌的情况下,老师开始找小颖家长,动员她让孩子转学,而小颖家长碍于面子,不愿意让孩子到特校学习。僵持了近两年,现在小颖要升初三了,所有任课老师都走马灯似的,三天两头做家长工作,要求把小颖转走。面临着初中毕业前的紧张气氛,小颖自己也感觉艰难的学业有点无法招架。

"老实说,我们两位家长都有了心理障碍,无心工作了。"这位母亲说到这儿,眼泪又哗哗地下来了。

听着她伤心的述说,校长不无同情地侧过头,看了眼坐在一边,瞪着一双大眼睛,美丽又文静的小颖,怜悯之情从心底潜滋暗长起来,他轻声地说道:"您放心吧,既然您信任我们学校,我们一定会尽全力把孩子培养好!"

接着,小颖在母亲陪同下,到教务处进行了知识和能力测试,结果语文35分、数学11分、英语8分、手语0分。

虽然成绩不理想,但暑假过后,小颖还是如愿地转学进入了九年级,看着眼前各种现代化教育设备和热情的老师,欣喜之情时时挂在她的脸上。然而,不会手语,无法与同学进行顺畅的沟通,又使她内心充满焦虑。每天,她总是早早到校,自觉进行早读,放学后,她又主动帮助值日生打扫教室,关好门窗才离开学校。课上,她仔细聆听和记录老师讲的每一个知识点,课后,认真复习学过的知识,不懂之处主动向老师发问。空闲时,她模仿着同学们的手语,尝试着与大家交流。但由于之前的学习基础实在太差,一年下来,她的学习成绩并没有太大的改观。

小颖升入高中后,为了兑现对家长的承诺,学校给她安排了一位作风踏实、耐心细致的班主任,母鸡带小鸡一般,时刻关注她的成长。除了正常的教学任务,任课老师也主动抽出时间为她补课。凭着老师们的执着,加上小颖自身的聪慧和勤奋,她的学习成绩终于一步一步赶上来了。

学习上扫除了拦路虎,小颖身上原本就具备的各种潜质也有了表现的机会:运动赛场上,你能见到她矫健的步履;舞台灯光下,你能看到她翩翩的舞姿;手工社团里,你能感受到她双手的灵巧……校内校外的各类活动无一不能见到她活跃的身影。在进入高三前夕,她又成了光荣的共青团员。

当小颖最终以优异成绩取得本科院校录取通知书的那一刻,所有的老师都激动不已,小颖的家长更是逢人便说自己女儿的成长经历,逢人便夸特校为自己的孩子创造的"奇迹"。

毕业典礼那天,母女俩又坐到了校长的办公室,热泪盈眶地感谢学校四年来为小颖提供了优异的成长平台。谁都知道,对一个母亲来说,今天这热泪不再是当年那怜惜的泪、无奈的泪,而是激动的泪、感奋的泪,它不再需要人们的安抚和宽慰。

这里的花儿别样红

是啊，四年，对一所学校而言只是转瞬即逝的刹那，根本不足挂齿，然而，对于一个不谙世事的聋孩子来说，却是那样重要，孩子的人生就在这里发生转折，特殊教育的价值也在这里闪耀出光华！

他不再四处"流浪"

小羊的父母是省地质勘探队的技术人员,野外工作时间长,区域流动性大,经常是在一个地方勘探结束就搬迁到另一个地方,孩子也跟着四处"流浪"。小羊转来我校时已经上六年级,老师反映,他好像不仅听力存在问题,智力上也表现得迟钝木讷。

经过仔细观察后发现,其实孩子智力没有问题,只是由于从小跟随父母在各地流动,学无定所,影响了他心智的正常发育,使他显得反应比较迟缓,不敢大胆与人交往。教务主任告诫老师们:这样的孩子更需要我们关怀,要抓紧时间,提供各种机会,催化他的心智发育,帮助他提升交往能力。

班主任是位青年教师,热情颇高,在几位有经验的老师协助下,制订了周密的教育计划。从此,任课老师们都把关注这个"流浪"孩子的个性培养作为自己日常工作的一部分,时时地关心他、帮助他。小羊毕竟年纪小,可塑性大,没隔多久,就与同学们打成了一片,校园里也能见到他活跃的身影了。

一天午间,班主任正在埋头批改作业,小羊悄悄地来到办公室,从口袋里掏出一张纸,嗫嚅地递给老师。班主任打开一看,上面工工整整地写着"爸爸妈妈又要搬家了,我不想离开这里"。班主任怜惜地看着他稚嫩的面庞,他那纯洁的眼神中充满了希冀。于是,轻轻地拍了拍他的肩膀,告诉他会向学校领导反映。

送走小羊,班主任与家长取得联系,证实了小羊父母行将随勘探队前往新的工作场所,然后把情况向学校领导做了汇报,同时,不无遗憾地说:"这个孩子怪可怜的,最近刚刚有点开朗起来,愿意跟人交流了,却又要走了!"

"你愿意把他留在班上吗?"校长看着她充满期盼的眼神,笑着问她。

"好呀!"年轻的班主任不假思索地回答道,原本严肃的脸庞也绽开了笑颜,"我就把他当作自己的小弟弟来带。"

校长欣喜地点点头,同意让小羊搬来学校寄宿。当小羊父母知道学校让孩子寄宿学习,不需要再跟随自己四处奔走"流浪"时,感动得热泪盈眶,专程到学校表示感谢。

自从寄宿到学校后,小羊白天由班主任和任课老师关心,晚上由生活老师指导,很快融入了学校大家庭之中。

时光在不知不觉中很快地过去,眨眼间,小羊已经是高中生了。

这年,为了组队参加首届全国中小学生信息技术应用大赛,学校组织了选拔赛,小羊因为信息技术基础好,被选为参赛队员。这是一次全国性的赛事,也是聋生与全国各地健全孩子交流和沟通的绝好机会。为了让小羊他们顺利参赛,学校领导向市残联做了汇报,残联领导爽快地表示,残疾孩子能够有机会参与健全孩子的比赛,是非常有意义的事情,所有参赛学生的费用全部由市残联负责。

小羊寄宿在校,夜晚没法像其他同学那样回家练习电脑操作,学校决定特事特办,每天晚上电脑房破例地向小羊开放,教务处安排老师专门对他进行指导。

由于这是听障孩子第一次参加与健全孩子在同一平台较量的全国性比赛，竞赛地远在广州，孩子们也是第一次远离父母独自外出，学校对这次活动特别重视。校领导还抽时间跑了市电教馆，请他们了解全国各地的报名情况，又上网查询和了解广州的天气、饮食、住宿以及航班等情况。为了慎重起见，学校行政办公会也对师生外出事宜进行了专门研究，决定由分管校长亲自带队前往参赛。

出发那天，校园里分外热闹，大家像送英雄上前线一般，涌到校门口，跟每个孩子吩咐又叮嘱，参赛的学生感到这次比赛的意义重大，性格内向的小羊，更是感觉到了无比巨大的压力。到了参赛驻地，带队老师把小羊安排与自己一起住，利用夜晚时间，给他耐心地做心理辅导，帮他丢弃沉重的思想包袱。

竞赛第一天就传来好消息：参赛的四位选手参加的八个项目全部进入了复赛。

首场比赛的顺利过关鼓舞了选手们，第二天，大家一大早就来到赛场。然而，较量还没开始，赛场外就已经显现出了白热化状态，此情此景，让参赛的四位聋生异常紧张。带队老师赶紧分头给他们做心理解压，为他们鼓劲。一天下来，走出赛场的选手们都精疲力尽。为了庆贺赛事成功，晚上，组委会专门组织文娱晚会，可是，小羊他们都无心去观看，内心只盼望能早点知道比赛结果。

第三天，好消息传来了：四位聋生获得了四金二银二铜的好成绩。组委会还专门贴出喜报，对唯一的残障孩子代表队表示祝贺。此时，大家内心沉重的压力才舒缓下来，笑意又回到了大家的脸上。

参赛的成功大大增强了小羊的自信心。回到学校，他一改以往不言不语的模样，见到熟悉的老师和同学就讲述去广州参赛的情况，那神采飞扬的样子，好像他还在激烈的赛场一般。自此，小羊就像变了一个人，个性开始张扬起来，各种社团活动都能见到他的身影。

在紧张而快乐的学习生活中,高中的时日很快结束了。高考结束不久,省城的高校寄来了录取通知书,小羊以优异的成绩被省内一所本科院校录取。

在小羊行将奔赴大学报到前夕,小羊父母单位给学校寄来了一封热情洋溢的感谢信,对老师们多年来关心照顾小羊,为小羊父母解除后顾之忧,得以全力投入工作,表示感谢。小羊父母也给学校送来锦旗,深红的缎面上绣着一排金色的大字——"流浪儿"的乐园。

聪明的百灵鸟

娟娟是个聪明活泼的小女孩,娇小的脸庞,两只骨碌骨碌乱转的大眼睛,一头梳理得整整齐齐的乌发,跑起步来,两个小辫子就像欢快的拨浪鼓上的两个小锤子,在脑后蹦蹦跳跳,常常惹得周围同学去拉它,逗她玩。

娟娟听力丢失不是十分严重,据给她检测过听力的医生说,她左耳听力55分贝,右耳60分贝,属于轻度耳聋。爸爸妈妈认为,孩子既然听力不好,就应该进特校学习,因此,娟娟三岁时就接受了早期的语言听力康复,这使得娟娟的辨音和说话能力都比其他同学强。也正因为如此,娟娟每天都叽叽喳喳地说个不停,成了班上的"百灵鸟"。

如果你要打听娟娟怎么这么会说,她一定会给你讲述许许多多有关她康复训练的小故事。

娟娟三岁那年的春末夏初时节,妈妈抱着瘦小的娟娟,慕名来到市特校,打听聋孩子上幼儿园的事。接待她的老师领着她们在校园里转了一圈,最后到学前康复部。教室里,老师们正在电子白板系统前一边给小朋友展示图画,一边绘声绘色地帮助他们纠正读音,台下的小朋友专心致志地跟着老师的电子教鞭,在电子白板上边寻找画面,边练习着说话。

聋孩子照样能说话,而且说得都很清晰响亮。此情此景深深地吸引了娟娟,也打动了娟娟妈妈。陪同的老师详细地向她们介绍了语言听力康复的相关设备和康复训练的各种方式和手段。正所谓耳听为虚,眼见为实。娟娟妈妈边听介绍边观察老师给孩子进行康复,心中甚是感叹,同时,也下定决心:送娟娟进市特校进行语言听力康复。

入学第一天,老师就给娟娟做了全面检查,并给她免费提供了一套调频语训系统。娟娟戴上这套简易的调频系统后,耳朵里的声音更加清晰了。从此,娟娟喜欢上了康复课,喜欢上了康复老师,也喜欢上了这所学校。

由于娟娟残余听力比其他小朋友好,在康复中,如果采用大课形式,势必影响娟娟语言康复效果。老师们想到,既然家长把孩子交给我们,我们就要因材施教,根据每一个孩子的特殊性开展有针对性的康复训练。于是,康复部的老师为娟娟制订了专门的康复计划和实施方案。

首先,在集体语训的基础上,加大对娟娟个别训练力度,最大限度地利用她的残余听力,尽早突破舌尖音和浊辅音的难点,使娟娟的语言能够更加清晰。

其次,坚持两条腿走路,发挥多感官功能,让娟娟既学会聆听,又学会读唇,确保她能够与人进行正常的交流沟通。

还有,在语训过程中,既做好娟娟的个别化训练,也注重对家长的指导,以调动家长在语训中的积极性,为娟娟创设更好的康复环境。

语训方案有了,可执行起来却并不简单。所幸的是老师们都充满了爱心,她们把娟娟当成自己的孩子,从课堂语训到个别训练、从督促日常开口说话到培养课余兴趣爱好、从学习行为规范到学做生活琐事,不厌其烦地一遍又一遍给娟娟讲述着、示范着。在此过程中,娟娟跟老师日益亲近,养成了开朗的性格,把学校当成了自己的家。妈妈给她买的花衣服,她第一时间穿给老师看,爸爸给她买的玩具,她第二天就带来学校与其他小朋友一起玩耍。

经过一个时期的康复训练,娟娟能够比较清晰地讲话了,但遇到陌生人,她却又躲到了大家的后面,腼腆得不知如何开口。老师们知道,要真正使娟娟有足够的胆量跟人交流,还要帮助她消除与常人对话的畏惧心理。

于是,老师开始有心安排娟娟多与周围的人们交流接触,还让她担当起班级"小老师"的角色。上课前,她负责叫大家安静地等待老师;吃好午饭,她指挥大家排队,跟着老师去散步;放学后,她拉着几个小朋友帮助老师整理教室……老师还经常带领她和小朋友到操场上、教学楼廊道里以及教师办公室走走,接触各种新环境,认识校园中的陌生人。

渐渐地,娟娟不再胆小害怕了,有陌生人的环境里她也不再拘泥畏缩,见到不相识的老师也能够主动打招呼,有时,见到新颖的事物,还会不择时间、地点地向跟前的大哥哥大姐姐询问。随着接触的人、事、物的增多,智慧的光芒也开始显现在她的眼神中。

"六一"国际儿童节前夕,老师为几位五月底、六月初出生的小朋友过生日,娟娟也在其中。正当小朋友们热情高涨地点起蛋糕上的蜡烛,用含糊不清的嗓音唱起生日歌时,市领导来学校看望师生,并走进了娟娟的班级。娟娟好像小主人一般,从座位上蹦起来,跑到教室门口,拉起市长伯伯的手,邀请他和小朋友一起欢度生日。看着头戴公主帽、口齿伶俐、声音响亮的娟娟,市长欣慰地弯下腰,抚摸着她的小脸蛋,夸她说话清楚,是个可爱的孩子。

第二天,锡城主流媒体报道了市长同聋孩子一起切开蛋糕,分享快乐的消息,并附上了娟娟拉着市长伯伯手的照片。当老师把这份报纸送给娟娟时,娟娟掩饰不住内心的激动,拿着报纸左看右看,藏进书包里,带回家,贴在了墙上。

从此,娟娟开口说话更自觉了,逢人便会打招呼,遇到来校参观的客人、老师,她也会像熟人一般,自如地走上前去,拉着他们的手问长问短。

前不久,娟娟参加了学校组织的"达人秀"活动,她以清晰的吐字、充沛的情感,朗诵了一首《我爱……》,当她结束表演,走下舞台时,全场爆发出雷鸣般的掌声。当然,她也获得了"能说会讲百灵鸟"的美誉。

如今,娟娟将要小学毕业了,她说,我要学更多的文化知识,做一个真正的"百灵鸟"!

佛堂里的孩子

小励是个聪明的男孩子,家住锡城近郊,父母都是老实本分的乡镇企业职工,他们已经有了个女儿,但是,受世俗影响,爷爷奶奶一定要儿媳再生个男孩儿,传承香火,光宗耀祖。

那年冬天,时令刚过冬至,外面已是天寒地冻,滴水成冰。当白白胖胖的小励降生时,天空居然飘起了鹅毛大雪,这在苏南地区是极为少见的。爷爷说,这是老天在告示家人,有喜事要降临了!当儿媳生了个男孩儿的消息传来时,奶奶乐得半天没合上嘴巴,爷爷也喜滋滋地冒着大雪,外出请人给取了个名字:小励!大意是从小经受磨砺,立下大志,将来振兴家业。

小励的降生的确给这个不甚繁华的家族带来了一丝暖意,从他出生到三岁,家人一直沉浸在喜悦之中。白天,爷爷奶奶抱着他四处奔走玩乐,晚上,父母下班到家,又把他当成解乏消遣的宝贝,连叔叔阿姨们也时常来家里抱一抱他,亲昵亲昵。小励也从大家的怀抱中获得了无比的喜悦,胖嘟嘟的脸上总是挂着笑颜,两个小酒窝更是增添了无尽的喜色。

小励三岁那年春节后不久,家人刚从节日忙碌中脱开身子,上班的上班,外出的外出,小励重又恢复了以往的样子。一天夜晚,已经会说一些简单话语的小励突然发起了高热,呜哇呜哇地吵了一夜。第二天大清早,妈妈请假陪他去了医院,诊断报告显示,可恶的小儿急性肺炎找上了小励,必须住院治疗。

小励生病的日子,最着急的当数奶奶,她整日陪伴在小励身边,给他做好吃的,给他讲故事。但是,随着小励病情的好转,他对奶奶的故事却有点漫不经心起来。开始,奶奶以为是老讲那几个故事,小励乏味了,可是,慢慢地发现,小励不仅对讲故事反应不热烈,对周围人们的逗乐说笑也渐渐失去了反应。一个不详的信号在家人心中升腾,于是,爸爸陪他去城里大医院做了详细的检查,令全家人痛不欲生的结论摆放在了面前——小励失听了!

这犹如晴天霹雳,不但爷爷奶奶无法接受,连男子汉气息很浓的爸爸都伤心得泪流满面。

接下来是爸爸妈妈带着小励四处奔波,寻医问诊。一年下来,能跑的地方都跑到了,治疗耳聋的著名医生也都拜访过,但小励的听力仍然不见好转。

这时候,乡邻中有人出主意,说可能小励命中遭遇劫难,不如寄养到佛堂里磨砺磨砺,祛祛灾难。开始时,家人都舍不得,但是,随着时间的推移,家人的失望之情愈加强烈,最终,老泪纵横的奶奶说服了家中老小,颤颤巍巍地把小励送进了离家不远的道光寺。

由于小励尚年幼,虽然身在佛堂,却什么都不懂,庙里的住持除了让他与僧人们一样早起晚睡、跟着大家吃斋饭之外,也没有给他太多的"磨砺",爷爷奶奶有空也轮番来陪他。

爸爸妈妈毕竟有知识,眼看着周围与小励同样大小的孩子一个一个进了幼儿园,认为让小励长期待在佛堂里,对他成长并无好处。道光寺的住持了解了他们的想法后,也帮着做奶奶的思想工作。终于,在佛堂里待了近一年的小励重新回到家中,不久,就被送进了市特校康复班,这里有许多热心的老师,她们个个富有爱心,每天都运用科学方法为跟小励一样失听的小朋友进行舌操、运气、声带震颤等语言康复训练。

虽然学校校园优美得像个花园,还有许多小朋友一起玩耍,但是,整日的训练却是枯燥乏味的。老师们想方设法给小励讲故事,带他四处活动,让他逐渐适应全新的环境。就这样,小励重新安下心来,咿咿呀呀地跟着老师训练了。

一个星期不到,小励重新发出了"妈妈""爸爸"的呼唤。此时,盼望孩子能早日开口说话的父母,再也控制不住自己的感情,抱着小励,眼泪不由自主地涌出眼眶,沾湿了衣襟。

在家长的积极配合下,小励的说话能力提高很快,而且吐字也比较清晰。两年后,小励升入了小学。此时,迎接他的不再是简单的说话,每天要上课,学习很多以前从未见过的知识,还多了许多陌生的老师,光靠之前康复时学的字词,显然不够用了。所幸的是,语文老师在教学新知识的同时,也给大家进行语言康复训练,老师每天通过给大家讲故事,帮助大家积累语言文字,培养读唇和说话能力。久而久之,小励不仅各门功课学得好,读唇说话的能力也越来越强。

春去秋来,小励长成了1米73的小伙子,他不但热爱学习,而且成了学校篮球队的一位健将。每天课余时间,他都会和队友一起,在体育老师指导下,进行攻防基本功训练。炎炎夏日,见证过他汗水浸湿衣衫仍然坚持完成训练科目的顽强拼搏精神;凛冽寒风,吹不垮他在球场上不屈不挠、一刻不松懈的坚强意志。就这样,他与队友们角逐全省聋生篮球赛场,获得不菲成绩。

而更令家人感到骄傲的还是他一举考上省城的大学。

那是在高中最后阶段,课堂上的学习内容难度越来越高,许多与他一样准备参加高考的同学在困难面前一个个打起了退堂鼓。老师发现这种思想苗头后,及时召开班级主题会议和家长会议,分析经济社会对残障人事业的促进,引导大家正视面临的困难和机遇,又从上大学与就业角度为大家进行了细致的剖析,并有针对性地帮助每个学生制订了切实可行的复习方案。

草长莺飞,万物复苏,晴空湛蓝,时令很快到了生机盎然的春末夏初,经过近半年的紧张复习,小励精神抖擞地走进了高考考场。在高考的两天里,兴奋和紧张时刻伴随着他和周围的每一个人。

半个月后,当爷爷奶奶颤抖着双手,从小励手中接过尚未开启的信封,拆开封口,一份红彤彤的录取通知书展现在家人面前时,所有人都激动得热泪盈眶。是啊,这何止是一份简单的大学录取通知书,它代表了小励在人世间以坚强不屈的毅力走过的二十年岁月,她分明在告诉人们,像小励这样的聋孩子,只要勤奋努力,一定会融入社会大家庭,成为现代化的建设者,为社会主义现代化事业做出应有的贡献!

好习惯很重要

十月一日,天空晴朗,和煦的秋风微微地吹拂着,河水在阳光的映照下,泛着层层金色涟漪。河边不远处,鼎山酒家映山厅内,乐音阵阵,人头攒动。这里正在举行一场婚嫁盛典,主持人激越高亢的介绍,调动着全场宾客的情绪,大家不约而同地把目光聚焦到了女主角身上:高挑的身材、清秀的脸庞、白皙的皮肤,腮边挂着两个浅浅的酒窝,依偎在身边挺拔帅气的新郎怀里……此情此景,勾起了人们对这位名叫晶晶的漂亮新娘成长经历的回忆。

晶晶出生在鲁南山区的一个小村,家中姐弟二人,她是老大,父亲在外打工,母亲在家操持家务,陪伴她们姐弟俩。幼年的她活泼、聪颖,开口说话也比较早,然而,一场灾难却隔绝了这个稚气的孩子与外界的交流,更给这个家庭带来了诸多不幸。

晶晶两岁时的一个寒冬夜,屋外北风凛冽,鹅毛般的飞雪乘着大风在原野上狂舞,高山像一个个垂暮老人,弓着后背,挽着手臂,任凭风雪在它们的脊梁上肆虐;河流里的水停止了往日的喘息和流淌,在冰层下进入了安静的休眠期;村路早已铺满了积雪,连着天地,一望无际。就在这个夜晚,白天还活蹦乱跳的晶晶突然发起了高热,年轻的母亲怀抱着两颊绯红、昏昏欲睡的女儿,眼望着门外飘飞的大雪,心急如焚。熬到天亮,晶晶已经连睁眼的力气都没有了,在叔叔的陪伴下,母亲抱着她赶到几十里路外的乡卫生所,医生说是急性感冒,打一针就好了。不久,晶晶的病是好了,可原本呀呀会说的她却变得沉默不语,不再笑着吵着跟邻居小朋友玩耍,有时,连母亲亲昵地呼唤她都没有回音。

父亲听说后,赶紧请假回来,带着她到大城市看专家门诊。一位老教授在详细诊断了孩子的病情后,摇了摇头,叹息着告诉他:"孩子患了药物中毒性耳聋,就目前的医疗水平难以治愈。"

可怜天下父母心。对于老教授给出的结论,爱女心切的父母怎能接受啊!他们不相信自己的女儿会在一场感冒后丢失听力,他们要竭尽全力,帮助女儿回到有声世界。

于是,父母放下工作,四处打听治疗耳聋的医疗机构和偏方,然后,千里迢迢赶去求医问药。可是,几年下来,晶晶的听觉并没见好转。劳累的父母望着沉寂的孩子,感觉整个天都要塌下来了。

父亲毕竟读过书,很快调整了自己的心态,为女儿装配了助听器,并与妻子商量:"要把孩子培养成能够独立生存的人!"从此,他们全身心地指导晶晶学习各种生活本领。

每天,妈妈干完手头工作,就会带她去街上玩,了解生活中的各种场景;夜晚,爸爸会教她学习说话,给她讲故事,陪她看小人书;节假日,妈妈手把手地教她整理自己的床铺,洗刷自己的小手帕、小衣服,爸爸带她去买菜购物,学习做饭……渐渐地,晶晶不但爱上了读书,一应家务活都拿得起放得下,成了妈妈的好帮手,更重要的是她从小培养起了良好的生活习惯。

到了入学年龄,晶晶高高兴兴地跟随父母,来到锡城,进入了特校。考虑她父母租住的地方离学校比较远,学校安排她寄宿。一个宿舍的6个同学来自不同年级,为了照顾她,生活老师把她交给一位高年级同学带,晶晶却自豪地说:"我会照顾好自己的。"

不久,人们发现,晶晶不但不需要人照顾,反而还帮助同宿舍的大姐姐们整理床铺、打扫卫生。老师们看她那样小巧能干,都分外怜惜她。

之后,人们又发现,晶晶喜欢看书。每次周末回家后返校,她都会带许多书,摆放在床头,空闲下来,就聚精会神地一本接一本看,书里面无尽的精彩故事深深地吸引着她。在她的影响下,宿舍里的其他同学也渐渐地开始读书了,大家围坐在一起,相互交换着书,谈论着书中的故事,交流着阅读的体会和感受。

一分耕耘一分收获,好习惯必然带来好结果。由于爱好读书,勤奋努力,晶晶的学习成绩一直非常优秀,她的作业本常被老师作为范例陈列在教室,她的作文常刊登在校园小报上,她绘制的美术图稿也成为同学们仿效的样板……

晶晶的故事很快就传遍了校园每一个角落,大家都为她骄傲。学校把晶晶树立为"自立自强"标兵,号召同学们向她学习,不屈服于命运,从小培养好习惯,做个有益于社会的人。学校还成立了读书社团,为有志于阅读的同学提供学习平台,并请语文老师担任课外辅导员,定期指导同学们学习写作,交流心得体会。

小学六年很快就过去了,中学六年也很快过去了,晶晶长成了美丽、聪颖,又充满智慧的大姑娘。高考后不久,大学寄来了录取通知书,晶晶成了一名光荣的大学生。

大学的生活是青春盎然,充满生机与希望的。晶晶像久旱的草木,认真地吸取着专业知识中的每一滴甘露,设想着将来有朝一日用所学知识和技能改变周围世界,改变自身命运。

一个学期下来,晶晶就以自己的踏实守信、勤奋好学博得了教授们的夸奖,以自己的智慧和大度赢得了同学们的信任,也以自己积极向上、勇于进取的心态融入了健全学生中间。

第二年,晶晶当上了学生会宣传部长,负责校园文化阵地建设和各种思想论坛工作,虽然受听力影响,与同学们交流不是十分流畅,但是,学生会的干事们对她非常信服,愿意听她安排,配合她一起把校园文化搞得红红火火。

晶晶在努力着,实践着,她不仅年年获得奖学金,还在升入大三不久,加入了中国共产党,成为一名光荣的预备党员。

入党后的晶晶更加发奋努力,她要以自己的实际行动践行入党时的诺言,学专业、学技能、学人际交往、学自己认为将来有用的一切!终于,晶晶以全优的成绩拿到了大学毕业文凭,并被聘为家乡一所特校的人民教师。

当她站在讲台前,第一次面对比自己小不了多少的学生时,心情无比激动,她深情地告诉学生们:我要感谢我的父母和老师,是他们,在我成长过程中帮我养成了良好的习惯,使我不管身处何地,都能朝向自己既定的目标奋勇前进。我也会像我的老师那样帮助你们,让我们共同为创造美好的未来齐心努力!

小小书法家

5月的一天,京城某大学举行了一场别具新意的书画作品拍卖会。拍卖的作品不是古画名作,而是十多位聋人大学生的习作。就这样一个拍卖会,现场的气氛却出奇的热烈,三百多个座席的会场自始至终人声鼎沸,随着主持人抑扬顿挫的叫价和拍卖锤的声声敲响,一幅幅书画作品从展示员手中转到了买主手上。

看,新一轮作品展示开始了。两个妙龄少女,身穿华丽服饰,发髻高耸,婀婀娜娜地托着一幅装裱精美的书法作品,走上了主席台。这是一幅0.75×1.8米的横幅书法作品,熟黄色漂金仿古宣纸上,精美的楷书呈现的是《心经》。

台下原本热闹的气息一下子静寂了。很快,就有人举起了牌子:2 000元。随着主持人的叫价,人们竞相出价,3 000、3 500、5 000……最终,主持人一锤定音:7 500元成交。

这幅书法作品的作者名叫隽隽,是一位刚离开锡城特校进入大学不久的秀美女孩。

隽隽在锡城特校的学习时间并不长,高一才转学过来,当她第一次站在校园里,给人的感觉是那样的弱不禁风:不高的个子,瘦瘦的,一头齐耳短发,上身穿一件咖啡色夹克,下身是一条青灰色牛仔裤,白皙的脸上架着一副近视眼镜,镜片后有一双透着聪慧的小眼睛,搭配上小翘的鼻子和嘴巴,给人文静秀气的感觉。

在特校,高中的课程比初中和小学要深得多、难得多,加上初来乍到,对老师和同学、对学习和生活环境都不熟悉,所以,开始时,隽隽的学习很糟糕,不仅她自己焦急苦闷,老师和家长也为她着急。可是,随着时间的推移和对周围环境的熟悉,隽隽的聪明才智慢慢地显现了出来。

每天上课时,隽隽总会大胆地向老师提问,把自己不懂或没弄清楚的知识搞清弄通,课余,她又会钻到办公室去向老师请教,有时,也会与同学围绕某一问题争论,每一次作业,她也都认真而细致。久而久之,同学们给了她一个雅号:问号先生!

一个学期下来,隽隽的学业就赶上了其他同学,又经过半学期努力,居然名列班级前茅了。

在大家惊愕之时,又有同学透露了新的秘密:隽隽每天都练毛笔字!

书法是隽隽的课外兴趣爱好,父亲为了帮助她学好书法,专门给她请了书法老师。因此,每到周末,不论天气好坏,隽隽都会赶回家乡,去拜访那位书法老师,有时为了凑书法老师的时间,还不得不请假提前离开学校。此时,班主任总会主动替她向任课老师说明情况,让她顺利回家学习书法。而等到下一周,老师们又会主动替她补课,使她在学好书法的同时,文化知识和专业基础课也不致掉队。

在老师的关心支持下,隽隽练习书法的劲头更足了,不管学习多么紧张,也不管时间多么晚,每天休息前,她都会在宿舍的一角,铺开纸张,放好笔墨,临摹上半个时辰。夏日当头,同学们都想尽办法躲在蚊帐里避免蚊虫叮咬,隽隽却好像钢筋铁骨铸就一般,把闷热的天气和时而来袭的飞蚊完全丢在脑后,一丝不苟地按照老师的要求,认真练习;寒冬腊月,外面北风凛冽,滴水成冰,宿舍内其他同学都早早蜷缩到了被窝里,只有隽隽把手放在热水袋上捂一下,然后,拿起蘸满浓墨的毛笔,就着昏黄的灯光奋笔疾书……

于是,隽隽又被大家乐呵呵地称作"书法家"。

有人说,书法在于日复一日地练习。

也有人说,百练不如一赛。

一天,老师告诉隽隽:全市中小学生书法竞赛即将举行,不妨去赛场上亮下身手!

在老师的帮助下,隽隽大胆地报了名。参赛前的一段时间,隽隽只要有空暇,就会埋头笔墨和宣纸组成的空间之中。

不久,隽隽就出现在了由几百名中小学生组成的赛场上。隽隽平静地进入场地,放好笔墨,铺好纸张,盯着字稿注视了一会儿,然后,双目紧闭地运了一口气,提起吸足了墨汁的毛笔,一笔一画地书写起来。

隽隽写的是楷体,运笔所至,白纸黑字,起笔流畅,收笔自然。那一个个拳头大小的字体,架构均匀,笔锋圆润。没花多少时间,隽隽就写完了,她停下笔,侧着脑袋,仔细地审视了一下,然后,又提起笔,在空白处题上落款。她内心的深情与快意在一举一动、一颦一笑间自然地流露于笔墨之间,不经意地感染了站在边上的赛事组委会老师。他们走过来,站在隽隽身后,端详了好一会儿,相视一笑,轻轻地点了点头。

几天后,师生们从校园里张贴的告示上了解到,隽隽在全市中小学生书法比赛中荣获了了一等奖。

获奖后的隽隽比之前更加热衷于书法,同宿舍的同学在她影响下,也开始喜欢上了书法。隽隽有时就一边练习,一边给大家讲述书法的相关知识。班上同学也有很多被隽隽吸引,开始向她讨教书法的点滴,她又成了大家的"书法老师"。

高中三年很快就结束了,隽隽以优异成绩进入了京城某大学艺术设计专业学习。在认真学好专业的同时,隽隽没有停下手中的笔,而且,还利用自己的书法特长参加学校组织的公益活动。当听说学校将组织爱心义卖,她当机立断报了名,并花了将近二十天时间,在精心选择的宣纸上,分外恭敬地写成了一幅楷书《心经》。

当她把这幅书法捐给学校爱心义卖组委会时,提出了自己的愿望:把义卖所得全部捐给锡城母校贫困的小弟弟小妹妹,使他们也能够顺利地考上大学!

她从培智学校来

冬日的骄阳虽然不如夏天毒辣,但对于寒冬腊月连续几十天被阴霾笼罩的城市而言,却是那样宝贵。看,透着阳光的香樟树枝丫上,鸟儿们叽叽喳喳地呼朋引友,一起分享寒冬中难得的温暖;光鲜的街道上,人们三三两两,拖着长长的身影,步履散漫地行进着;静谧的校园里,一群年少的学生脱去了厚厚的棉衣,正在洒满阳光的球场上蹦跳雀跃,惬意地舒展筋骨。

球场边,一位矮个子女生正起劲地叫唤着——虽然言辞不清,但,她脸上的表情很分明地告诉人们,她正为场上激烈的球赛所吸引。

这位女生叫小媚,刚从培智学校转学而来。

也许你要问,培智学校招收的应该是智力有缺陷的学生,怎么会有聋生呢?哈哈,别急,且让我慢慢给你道来。

20世纪90年代,中国残联对残障儿童康复工作提出了明确要求:各地必须建立适合各类残障儿童的康复中心,以帮助他们尽快融入主流社会。于是,各种类型的特殊儿童康复中心如同雨后春笋般,迅速成长壮大起来。

小媚就是在这样的背景下进入了特需儿童康复中心,经过几年努力,小媚语言能力得到了比较好的康复。见到原先不会开口的孩子能够流畅地会话,家长喜不自禁,在小媚将要进入小学时,家长四处托人情、找关系,想让小媚进入普通学校学习。然而,当老师们听说小媚是聋孩子时,都建议她进特校学习。眼看着新学期就要开学,家长不得不把小媚送进了属地的一所培智学校。

进入培智学校后,小媚一开始很认真,可是,由于周围都是智力障碍的孩子,她也逐渐变得语言迟滞、反应迟钝了。几年下来,小媚不但讲话语无伦次,思维也受到了影响,原本好动的她常常会一个人坐着发呆,偶尔与邻家小朋友游戏时,也会做出一些令人难以理解的事情。

孩子的变化,令整天忙于工作的父母束手无策。

一年春节,一位在外地做中学老师的远房叔叔来看望小媚爷爷奶奶,在了解小媚的状况后,沉默良久,然后,给小媚家长分析了语言学习、知识学习与智力开发的关系,告诉他们,最好的学习环境是适合孩子自身成长的学校,建议小媚尽快转学去专门招收聋孩子的特校。

就这样,小媚在新学期开始时,顺利地坐到了市特校四年级课堂里,成为众多聋生中的一员。

由于聋校教材的知识层次比培智学校教材深,初到特校,小媚遇到了前所未有的困难,虽然她有一定语言能力,但是,许多同学都能用简洁明了的手语交流,以前跟她一起在康复中心学习,之后直接进入特校的同学,一个个都比她强。面对如此环境,小媚显得非常悲观。

老师在了解了小媚的困难和苦闷后,跟她进行了一次亲密谈话,告诉她,学习并不可怕,只要坚持努力,就一定能够追上同学,并安排一位学习比较好的同学跟小媚结成互帮对子,两人每天除了练习口语外,还相互间手把手地学习手语。

小媚是一位好学的孩子,在老师和同学的精心呵护下,成长很快,当升入五年级时,她已经能够熟练地用手语跟大家会话,学习成绩也进入了中游水平。

一天,语文老师把小媚和其他三位同学请到办公室,给他们每人一本书,要求他们读完后给老师讲讲里面的故事和自己的体会。小媚拿到的是美国盲聋人作家海伦·凯勒的《假如给我三天光明》,回家后,她如饥似渴地读起来。读着读着,眼泪就情不自禁地在眼眶里打转——是啊,小媚从来没有想到过,这个世界上还有比自己命运更悲惨的人!而海伦·凯勒不畏病魔,不屈服于命运的坚强意志和虚心好学的精神也深深地感动了小媚。

第二天一早,小媚就找到老师,把自己读到的故事和心灵受到的震撼一股脑儿地讲述了出来。听了她的心声,老师很高兴,抚着她的肩头,微笑着告诉她,把讲述的内容写下来,就是一篇很不错的文章。于是,在老师的精心指导下,小媚参加了全市中小学生读书征文竞赛。

不久,消息传来:小媚的文章因为联系自己的成长经历,写得有血有肉,亲切感人,在一千多篇文章中脱颖而出,获得二等奖,并被推荐刊登在了当地主流媒体的教育副刊上。

读书征文获奖给小媚增添了无尽的勇气和力量,于是,她学习上一路追赶,成了班级学习明星,文娱活动也处处能见到她的身影,田径场上更是少不了她的参与……

小媚重新变得活泼开朗起来,圆圆的脸上终日笑逐颜开,矮矮的个头身边每天都吸引着众多同学。她不但能流利地开口说话,还能用手语跟同学交流,有时还担当起了聋人与健全人的翻译。

高二年级的一天,校园里来了一群高个子的英国客人,看着他们白皮肤、高鼻梁,还有几个留着大胡子,许多同学都拘束地躲在教室

里。虽然有老师做翻译,但是,由于客人比较多,老师忙不过来,小媚自告奋勇地站在同学与客人中间当起了翻译:

"Welcome!"

"My name is xiaomei."

"May I help you?"

……

一连串娴熟的英语,让客人直竖大拇指,临离开学校,客人们对陪同的老师说,你们不但让孩子学习文化,还让他们学习英语,值得我们尊敬!

冬去春来,三年高中很快结束了,小媚自信地跨进了高考考场。两个星期后,当她以优异成绩被省城某大学录取的消息传来,小媚笑得那样开心,她的家人也高兴地笑了。

是啊,如果当初小媚不及时转学到特校,怎能掌握较好的文化知识和操作技能,又怎能运用口语和手语与人交流沟通呢!当然,手捧大学录取通知书时内心感受到的美妙滋味更不可能品尝到啦。

我们的"小凤凰"

初秋的骄阳像铆足了劲的小伙子,一大早就把天空照得金灿灿的,人们刚刚度过了燥热的夏天,好不容易在早晚盼得一丝凉意,都趁着太阳刚出来的当口,做着自己想做的事。位处京城南郊蒲黄榆的某大学分院的大院里,新建的楼宇参差错落地拔地而起,灰色的外墙边,几株粗大壮实的老榆树缀满了翠绿的树叶,在阳光的映照下,透露着盎然的生机。几只喜鹊在树根边蹦蹦跳跳地寻觅着什么,偶尔"嘎嘎嘎"地叫上几声,仿佛在提醒着不远处小亭子里那位静默的女孩,而那女孩却惘然不顾,好像身处与世隔绝的场所。如果不是她时而低下脑袋看一眼书,时而张开嘴巴翕动一下,路过的人们可能就把她给疏忽了。

她叫小毓,是个聋孩子,刚刚进入大一不久,现在她正手不释卷地背诵着英语单词。

小毓出生在锡城远郊一个并不富裕的家庭,父母都是老实巴交的农民,后来随着城市改造,进入镇办企业当了工人。小毓来到人世时,是个非常漂亮、人见人爱的小姑娘,一场突如其来的病痛后,就逐渐与外界隔绝了音响。虽然早期咿咿呀呀学了几个简单的语词,但是,在众人交谈时,她总是扑闪着那双大眼睛,憋着通红的脸蛋,不愿意开口说话，慢慢地，连原先掌握的一点语言也给丢失了。

到了入学的年龄，父母把小毓送进了特校，但是，由于缺少前期的语言康复，她的学习很是辛苦，只能边学手语边学知识。好在她智力聪慧，思维敏捷，而且有股子韧劲，因此，各方面都成长很快，受到老师和同学们的喜欢，被大家誉为"小凤凰"。

"小凤凰"真正展翅是在五年级。那年，学校组织同学们参加各种课外活动和竞赛，有文娱、体育、美术等等，"小凤凰"每一项都报了名。

开始时，律动老师嫌她个子矮小，胖乎乎的，但是"小凤凰"做了几个动作，却表现得身体柔性十足，悟性极好，老师教的动作一学就会，于是就同意她加入了舞蹈队。成了舞蹈队员的"小凤凰"积极性非常高，跟着律动老师学了几天，就能够晃着脑袋、扭着腰肢、踮着脚尖、摆动着手臂跳起新疆舞来。不久，她就成了队里的"台柱子"，老师编的许多舞蹈都以她为主角，在历次舞蹈比赛中，她与队员们一起，勤学苦练，都获得了很好的成绩。

学校体育运动会是检阅同学们体质和运动能力的重要方式，也是上级残联选拔各类残障体育人才的重要机会，因此，老师和同学们都非常关注。这一年，运动会设置了许多新项目，不仅有田径运动，还有乒乓球、羽毛球比赛。为了组织好运动会，体育老师在赛前专门进行了指导集训。"小凤凰"报名参加了乒乓球比赛，每次训练，她都分外认真，从发球、接球，到提拉、抽杀，一板一眼，细心模仿，仔细揣摩，然后，就与队友一遍又一遍地练习。

俗话说，只要功夫深，铁杵磨成针。经过将近一个月的训练，"小凤凰"精神抖擞地迈进了乒乓球赛场，几轮比赛，几番较量，最终，她脱颖而出，进入了决赛的行列。

那天下午，乒乓球决赛开始了。与"小凤凰"对垒的选手不仅年龄比她大,而且,身材高大、击球的冲力也很强,但是,"小凤凰"并未被对手吓倒,更没有一丝屈服,她不断寻找对手的破绽,及时调整战术,一会儿长拉,一会儿轻吊,一会儿又劈杀。几个回合下来,对手就乱了方寸,原先气势汹汹的神情不见了,眼中闪烁的只有慌乱,渐渐地,就只剩了应付之招。结果,不出大家所料,"小凤凰"获得了冠军!

这是"小凤凰"第一次参加乒乓球比赛,也是一次让人记忆深刻的比赛,自此,她被选入市聋人乒乓球队,每周参加全市集训。

光阴在不知不觉中飞驰,"小凤凰"逐渐长成了娟秀美丽的大姑娘,圆圆的脸蛋镶嵌着一对黑而亮的大眼睛,一举一动间显露着青春的健美,跟个子一起长大的是智慧,"小凤凰"经过努力,进入了高中。

高中阶段的学习任务繁重,除了文化课,还有许多专业课,什么计算机操作、工艺美术、平面设计、动漫等等。"小凤凰"一下子就喜欢上了美术课,每次美术老师讲课时,她总是专注地盯着老师和黑板,把老师所传授的线条、轮廓、明暗度、对比色等都一点一滴地记在笔记本上,然后,一笔一画地临摹和练习。见她如此一丝不苟的学习劲头,老师也对她特别关心,每次作业都给她批改得十分仔细。就这样,在自己不懈努力和老师的精心指导下,她进步很快,一年下来,她临摹的一幅幅作品跟原作就相差无几了。在此基础上,老师又让她从静物临摹转换到实物写生,先是室内静物,之后是室外花卉,继而又随机写生,一点点、一步步,"小凤凰"渐入佳境,自由地畅游于美术创作的艺术天地,放飞着心中的梦想。

专业学习是重要的,也是欢乐的,文化知识学习同样也吸引着"小凤凰"。

自从进入高中后,文化课程增加了好多,尤其是英语,由于以前没有基础,必须一个单词、一个词组地背诵和积累,学起来既枯燥又吃力,稍不注意,一个字母写错,整个单词或词组就全错了。然而,这些都没有难住"小凤凰",她坚信,只要舍得花时间,什么困难都会向你低头。

凭着这股毅力和劲头,"小凤凰"把自己的作息时间排得满满的,每天起早贪黑地学习。当大家还在梦乡徘徊,她已经在教学楼廊道昏黄的灯光下背书;当大家结束一天紧张的学习,舒服地躺在床上,游离于梦境之间,她还在埋头于几何题目的求解之中……

日复一日,年复一年,"小凤凰"的雅号一次又一次被大家放在口头上,其中隐含的是大家对她的敬佩和喜爱。

三年的高中生活是紧张而有序的,也充满了艰辛和曲折,而收获的则是丰富的阅历和广博的知识。临近毕业,"小凤凰"报考了被称为"聋人的清华大学"的京城某大学,最终以优异成绩实现了梦寐以求的愿望。

这不,今天,她又趁着初秋早晨的一点凉意,开始了自己规定的学习任务——晨读。也许,不久的将来,她会变成一只真正的"凤凰",展翅于祖国建设的重要领域,为社会主义现代化建设事业作出自己应有的贡献!

涌动爱心的"基金"

小可就如同她的名字那样可爱,然而,出生没多久,她就被诊断出听力缺损。由于父母在锡城打工,于是,她也远离家乡,来到了这个现代化都市。

自从发现小可不会讲话后,父母总是觉得自己亏欠了孩子什么,为了让她在城里有个安稳的居住环境,进城不久,小两口就贷款购买了商品房,并很快装修完毕,举家迁入。小可跟着父母走进焕然一新、装饰优雅的新房时,虽然无法用言语表达,但父母从她兴奋的眼神中却分明读到了欢欣和愉悦——年轻的父母终于获得了少许的慰藉。

当小可父母拉着她的手来到学校求学时,那清纯的大眼睛和始终咧着嘴笑盈盈的面庞打动了周围的每一个人。父母向老师详细介绍了孩子的情况,说到动情处,两个大人眼中已是热泪滚滚。小可坐在一边,两只眼睛忽闪忽闪,一会儿看看这个,一会儿又望望那个,不知道自己身边这两个最亲的人怎么片刻间就由嬉笑欢乐而变得泪眼婆娑。

小可入学后进了康复部小班,此后,每天都可以见到班主任拉着她的手,后面跟着七八个高矮不齐的小朋友,在校园里散步、游玩。看着她文静、乖巧、懂事的模样,老师们经常会默默地摇头、感叹:命运实在太无情了!

这之后，小可小手拉着老师的大手，带领着小朋友散步的景象就成了每天清晨校园的一道风景。

然而，一段时间后，散步的队伍中却不见了小可那可爱的身影。有人问起，老师轻轻地说："小可病了。"

时光在人们的匆忙间过去了两个月。

一天，小可的爸爸来到学校，眼圈黑黑的，原本微胖的脸庞也明显消瘦了。从他嘴里，大家知道了小可的病况：可爱的孩子得了白血病！

原来，在装修新房时，年轻的父母只图尽早完工，好让孩子尽快入住，却没考虑油漆、胶水等装饰物中含有的毒素会对孩子稚嫩的身体造成影响。入住后一个月，小可就出现了神情萎靡、整天嗜睡的症状，家长以为是感冒，也没引起太大的注意，只是自己在家用了点药。前不久，小可整个口腔充血，身上又出现了紫癜，到医院一查，白细胞急剧增多，怀疑是患了白血病。病情紧急，来势凶猛，年轻的父母将小可送到上海大医院，一个月下来，不仅花光了家中的积蓄，连新房子都卖掉了，现在又到了需要用钱的关键时刻。

了解了小可的病情和家长的求助后，老师们纷纷伸出援手，许多家长也主动加入到了捐款资助的行列之中：三百、五百、一千……可是，小可的病情还是一天一天地加重，最终，医生不得不宣布：病魔无情，医术乏力！

活灵活现的小生命就这样悄然地告别了她刚刚熟悉的人世，整个校园沉静在了一片哀伤之中。如何才能敬重和珍爱生命，一时成了摆在大家面前的重要话题，同时，一个帮助遭遇突发事件师生的设想被提了出来：设立爱心基金。

是的，我们无法与病魔抗争，但是，可以用自己的方式为延续生命做点贡献。爱心基金虽然不能解决很大的问题，但是，却能在师生急需资助时,解除燃眉之急!

然而,世间万事,说来容易做时难,筹措爱心基金也是如此。

学校首先在师生中开展了"我为爱心基金提点建议"的金点子活动,请大家提出合理化建议。不久,几百条建议就汇聚起来,有人提出组织师生捐款,有人提出到企事业单位和社会拉赞助,也有人提出,通过组织学生开展爱心义卖活动,将义卖所得作为基金。虽然筹措资金的渠道多种多样,但是,大家的意志却是统一的:要让爱心基金真正服务于每一个急需帮助的人。

接着,学校领导在全校进行了动员,号召全体教师踊跃加入到爱心基金的关爱行动之中。就这样,一场轰轰烈烈的爱心筹款活动在深秋的校园里拉开了帷幕。

捐款仪式在周一升旗仪式时举行。除了教师们自发地捐款外,许多高年级学生也拿出了自己随身带的零花钱,为第一笔爱心基金奉献了自己的一份力量。

为了筹措更多的资金,美术老师利用课后时间,组织并指导学生设计制作各种艺术品,绘画、刺绣、雕刻、书法……一时间,具有艺术天赋的师生都投入到了为爱心基金添砖加瓦的爱心活动之中,校园处处都洋溢着爱的浪花。

周末,老师们又带领学生走向社会,到相关单位开展公益活动,宣传建立爱心基金的意义。社区、企事业单位的爱心人士获悉爱心基金的信息后,纷纷表示赞赏,并慷慨解囊,献出自己的拳拳爱心。

学校又组织师生到市中心商贸区,设立专门展台,组织爱心义卖活动,聋孩子翩翩的舞姿、优美的作品无不打动着周围的路人,大家争相购买聋孩子的作品、向捐款箱投入自己的爱心。

不到一周时间,爱心基金的专款就达到了五万多元。

正当大家万分欣喜之时,新的问题又出现了:有了爱心基金,该如何花才好呢?

取之于民,用之于民,这是原则,但是,光有原则是不够的,还必须有基金运作的规则和制度。只有这样,才能排除人为因素干扰,确保爱心基金成为受大家欢迎的物质和精神财富,造福于需要资助的人们。

在师生共同参与下,爱心基金使用条例终于面世了。它不但规范了基金的筹募渠道,还规定了受益者不仅可以是学生,也可以是学校教职员工,还可以面向社会,面向所有需要帮助和关怀的人。这样,爱心基金就真正成了充满爱心的服务项目,师生们不但能从中获得物质的资助,更能从精神层面感受它独特的教育意义。

自从有了爱心基金,慈善意识也就慢慢地深入到了师生的心中,衍生为实实在在的爱心活动。只要有空,大家就会主动地织毛衣、编丝网花、绘画雕刻、做十字绣,一有机会就拿去参与爱心义卖,让这些带着自己心血和希冀的手工艺品成为爱心基金的一部分。

当然,在使用和支配这些充满师生心血的爱心基金时,管理者也是小心翼翼、满怀深情。

小宇的父母都是残障人,家里还有个妹妹。最近,父亲因病休息在家,就靠母亲的微薄收入养活着四口之家。学习成绩优异的他告诉老师,不打算上学了,高中毕业后就找一份工作补贴家用。知道了小宇家的困难,学校启动了爱心基金,使他成了第一个享受爱心基金的学生,也因此顺利地完成了学业,成为具有一技之长的劳动者。

Z老师得了重病,按照爱心基金管理条例,我们也送上了不多的慰问金,在感动之余,还没痊愈的他,就早早地到学校上班,把获得的爱心反哺给求知若渴的学生。

明珠是闻名全市的爱心使者,患有先天性脊椎裂患的她不为命运所屈服,自学、著书、担任课外辅导员,并以此作为支撑她生命的动力。在她的精神感召下,许多残障人也主动融入主流社会,争当自食其力的劳动者。但是,病魔却时时袭扰着明珠,医院也发过无数次的病危通知。年初,获知她又一次病危被送进医院抢救,学校当即从爱心基金中拿出三千元,送到了她的床头,以表达对她的敬慕和支持。

……

就这样,师生的爱心随着爱心基金在校园内外荡漾着,它成了促进师生融入社会,建设文明校园的滚滚暖流。

山里来的小哥俩

民谚说得好,春日天,孩儿脸。早晨天气预报还说天气晴好,可是,一上午,红红的太阳只是露了下脸,就躲进了厚厚的云层里。天上的云彩不断变幻,先是披着彩霞,泛着丝丝金光,跟太阳配合着,给东边的天空笼罩了一层神神秘秘的光彩,接着,就如棉花一般,白花花的,像一艘艘小船,漂浮在半空,荡荡漾漾地朝西而去。之后,白色的云层开始聚集,慢慢地变成了浅灰色,越来越厚,越来越沉,色彩也深如铅灰,好像一群失去灵魂的疯子,随着一阵阵东风,急速地向西飞去。还没到下午,天空就飘起了毛毛细雨,淋在脸上,如同无数小虫在抓痒痒,许多没带雨伞的路人加快了行进速度,想在雨滴变大前赶到目的地。在这急速的人流里,远远地就有两个男孩子嬉笑地朝着学校奔跑而来。

这是星期天的中午时分,按照学校规定,寄宿学生应该在三点半前回校,而参加社团活动的学生要在一点前报到。这急着跑来的一高一矮两个男生,一个叫小方一个叫小圆,是一对亲兄弟,分别参加了不同的社团活动,今天因为汽车误点迟到了,一进校门就急急地朝各自的活动地点跑去。

小方、小圆兄弟俩来自浙西山区,因为锡城实施新市民子女就近入学政策,他们父母在锡打工,他俩也就跟着就近入学了,哥哥已经升入高中,弟弟正读初二。

说起这小哥俩,教过他们的老师都会如数家珍一样,向你介绍他们的成长历程。

哥哥小方长得像爸爸,眉清目秀,文静内向,遇人总是一脸腼腆;弟弟小圆长得像妈妈,圆圆的脸蛋,一双大眼睛,遇事总会滴溜溜转上两圈,把个聪明机灵的模样全部透露给你。

哥哥小方没接受过学前康复,最初跟着父亲从家乡来报名上学时,见老师跟他说话,根本无法理会,同学用手语跟他交流也只能瞪着眼睛,直摇头。父亲尴尬地告诉老师,家乡比较落后,家里生养了聋孩子被人瞧不起,所以,一般都不让他们上学。当知道学校有学前康复班时,他又提出,想把5岁的小儿子也送来接受康复训练,让他早点开口说话和学习手语。于是,小哥俩双双入了学,而且,根据相应政策,他们都享受到了政府提供的免费教育。就这样,不管骄阳似火还是风吹雨打,每天一大早,父亲都会骑着自行车,一前一后带着两个孩子,送他们上学。一晃,十个年头过去了,兄弟俩早已无需父亲最初时那样用自行车接送,改用学生公交卡,乘坐公交车上学、回家了。

自从上学后,哥哥分外认真,每天来到学校后,总会拿起扫帚悄悄打扫卫生,当其他同学到来时,教室内外已经干干净净,然后,他就一个人坐在教室里看书学习。因此,他不但很快学会了手语,文化课成绩也在班上名列前茅,深得老师和同学们的喜爱。机灵的弟弟进入康复班后,读唇、说话能力逐步增强,见到有陌生人到来,他都会扑闪着黑黝黝的大眼睛,伸出小手,拉着人家的手,昂起小脑袋,亲切地叫"阿姨""伯伯",让人不无爱怜地要蹲下身子抱着他亲上一阵。

幸福的日子就像春风吹拂着的毛毛雨,让你充满遐想和追求。随着年龄的增长和学业的进步,小哥俩像雨后春笋般,快速地成长着。他们除了认真学习文化知识和各种技能外,还积极参加学校组织的社团活动。哥哥喜欢安静,参加了泥塑社团和航模队,弟弟热爱运动,参加了乒乓社团和其他体育活动。

去年暑假,小哥俩没有随父母回家乡去,而是在学校参加业余爱好者运动,他们像平时那样,每天一早,手拉手地来到学校,然后分别到各自的活动组去。

哥哥小方进入劳技活动室,在志愿者老师指导下,发挥自己的想象,将一团团泥巴捏成一个个小动物。泥巴看似柔软,但真正要使它们具有优美的造型,可并不简单。有时,捏了半天,由于水分太多,捏好的小动物,放在那里一会儿,就失去了优美的造型,成为一个个怪模怪样的东西;有时,由于水份不够,泥巴根本揉捏不动。风干后的成型泥塑,上色也是颇费心思的,一手拿着风干的泥塑,一手握着蘸了色彩的毛笔,一点一点地涂抹,稍不留意,色彩就会滑出规定区域,

学生创意画《感恩的心》

只能擦掉重来。而航模活动也是细致活,同样锻炼着小方的灵巧度和协调能力。

弟弟小圆到学校后就会跟随体育老师去市体育中心,因为他报名参加了游泳队,打算利用暑假好好练练,参加全省聋人游泳比赛去。别看小圆身材矮小瘦弱,可他一到水池里,立刻就变成了蛟龙,所有的力量都集中到四肢。人家训练时游一个来回休息一次,他偏要游两个来回才休息。同学问他为啥这样起劲,他满脸认真地说,我就是想拿冠军!你看他,一个人悄悄地,赤裸着上身没在水中,旁若无人地展臂、屈体、蹬腿,一遍又一遍地重复着老师所教的动作,四周的水波随着他的动作,激起朵朵浪花。他那微黑的皮肤,在清波荡漾的池水里泛着光亮,活像一只戏水的海豚,在顽皮地逐浪。他不时地停下动作,向站在池边的老师投去询问的眼神,老师也耐心地打着手语,给他指导。周围的同学为他的精神所感动,也纷纷跳下水池,继续训练。

暑假在紧张而欢乐的氛围中很快过去了,小哥俩各自收获了汗水换得的成果:哥哥小方参加全市中小学生航模比赛,获得了二等奖;弟弟小圆在全省聋人游泳赛上,力克群雄,拿到了少年组冠军,之后,又参加了全国比赛,摘得了宝贵的铜牌!

如今啊,小哥俩正快乐地成长着。哥哥小方已经是高二学生,正集中精力学好文化课,准备考一所满意的大学;弟弟小圆也在认真学习,不久的将来也会像哥哥一样,成为一名高中生。

我是一个平凡的人

冬日的骄阳暖洋洋地洒进了校园冰封多时的角落，腊梅在教学楼的墙角处悄悄地开放，喷薄着幽幽的清香，为这清冷的冬天添加了几分诱人的暖意。偶尔，树丛间钻出一两只小鸟，在阳光照射得碧绿透亮的冬草上寻觅一阵，又叽叽喳喳飞向远处。门卫室边上，小花猫懒洋洋地躺着，好像正要把这难得的暖意全部吸进自己厚厚的皮毛之中。教学楼里，高年级的学生，走出教室，在廊道上欢快地畅谈着，低年级的孩子们则趁着冬阳，在小花园里尽情地追逐嬉戏。不知谁带来了一个好消息，惊扰了暖阳给人们带来的惬意：我们校园出名人啦！

紧接着，各班都争先恐后地传阅起当天的报纸来，其间夹杂着大家以手语或口语交替赞叹的情景："小勃成了全市年度感动教育人物！"

说起小勃，生活在校园里的人没有一个不伸出大拇指的。

小勃出生在锡城近郊，父母原来都是本分的农民，随着乡镇企业的蓬勃发展，他们都成了附近工厂的职工。自从小勃因病打针而造成听力缺损后，夫妻俩虽然花费了多年积蓄，但终究无法挽回孩子的听力，也只能听天由命，在孩子三岁时把他送进了特校的语言听力康复班。

在老师耐心而热情的指导下,小勃康复训练非常认真,从口形的大小,到运气发声,从舌头、软硬腭和牙齿的配合运用,到胸腹部肌肉运动,小勃逐渐掌握了发声说话的规律,很多时候,他都会张着小嘴巴,咿咿呀呀地说个不停。有时见到陌生人,他也会毫无羞涩地伸出肉嘟嘟的小手,拉着他们,用不十分清晰的话语跟他们亲切地打招呼。此时,周围的人们常常被他那一副认真的模样逗得哈哈大笑,情不自禁地把他抱在怀里,亲昵一下他红扑扑的小脸蛋,耐心地教他几句生活用语。就这样,小勃的语言能力提高很快,个性也比身边一起参加康复的小朋友开朗许多。

小勃渐渐地学会了说话,还能够根据人们的口形,跟人断断续续地交流。而父母的勤劳和淳朴,也让他从小学会了勤奋和努力。

父母是双职工,每天下班回到家就要忙家务,懂事的小勃见他们忙忙碌碌,也会在一边搭个手,帮个忙——虽然出力不多,甚至有时还帮了倒忙,但是,父母都很高兴,因为他们知道,生活就是这样锤炼人的!

随着年龄的增长,小勃学习和接触到的知识越来越丰富,个性也日渐成熟。

一次,为了让校园艺术节更好地贴近师生,学校向大家征集"金点子"。其他同学都埋头在教室里挖空心思地在纸上涂鸦,只有小勃一个人悄悄地离开教室,到其他班级向各个年级的同学询问、调查。掌握了师生的"心声"之后,他又进图书馆、上校园网,查阅了许许多多资料,然后,关起门,静心地起草了一份两千多字的"金点子"方案。结果,学校不但采纳了他的意见,成功地组织了一场别开生面的艺术节活动,而且,在艺术节闭幕式上,学校还为他颁发了"金点子"特别奖。

就这样,小勃一下子成了校园"名人"。但是,小勃却认为,自己只是一个平凡的人,没有什么值得骄傲的,因此,他更加潜心学习,努力为自己增添更多新的知识和技能。

有人说,命运常常眷顾勤奋者。也有人说,机遇属于有准备的人。

勤奋的小勃一如既往地埋头于知识海洋,如饥似渴地学习着、钻研着。在学习中,他不是简单地照搬书上的原理和定义,总会提出一些自己的看法,与老师和同学探讨商量。正是这样一种精神,使得他做任何事情都能事半功倍,也因此,他常常成为被命运眷顾的人。这不,校园橱窗里还挂着他前不久获得的全市中小学生航模竞赛的奖牌呢!

作为学校航模队员,小勃经常与同伴们一起,面对一大堆的飞机、舰船等模型组件,在劳技老师的指导下,一件件、一个个地组装和调试。每一次航模活动,都成了他耐心实践、刻苦钻研的过程。夏日里,汗水蒙住双眼、浸湿衣衫,寒冬天,手指冻得瑟瑟发抖,拿不住螺丝刀,多少同学临阵退却,成了航模队的"逃兵",小勃却从没屈服过,相反,他对航模的热爱之情与日俱增。几年下来,他对各种飞机、舰船模型的型号及组装特点了如指掌,对测试舰船时的水流和测试飞机时的风力,也能说上一二,颇具"专家风范"。因此,在接到参加比赛的通知后,小勃和他的伙伴们更是废寝忘食地扑在航模室和实验场地上。

终于,比赛那天到来了。那是一个春光明媚的日子,在少年宫宽阔的场地上,聚集了上千名来自全市各校的选手,他们个个意气风发,似乎冠军的奖牌非自己莫属。只有小勃,一个人好像什么都无所谓,在一边若无其事地整理着自己的家什。然而,当他手拿遥控器,站在比赛场上时,神情却那样坚毅和专注。只见他双唇紧闭,两眼放光,昂着头,注视着在空中盘旋的飞机模型。听说是一个聋生在操控,许多兄弟学校的老师和同学都来围观。小勃并没受周围人们的影响,用拇指与食指紧紧夹住遥控器握柄,一边目测天空中翱翔的飞机模型,一边双手交错着使劲。看,那被遥控着的就如同一架真实的飞机,一会儿逆风飞行,一会儿顺风滑翔,一会儿连轴翻滚,此情此景,惹得围观的人们惊呼连连,而小勃却仍然那样自如安详地操作着……最终,冠军的奖牌毫无意外地为小勃所获得。

时间飞驰,转眼间,小勃高中毕业了,当他行将步入高考考场之时,却意外地传来了喜讯:他被评为全市"十佳"学生的同时,还获得了全市"年度感动教育人物"的殊荣。

面对荣誉,小勃还是那样平静,他手捧红彤彤的荣誉证书,接受了记者采访。虽然他的话语不如健全学生清晰,但是,他的心声还是震撼了每一个人:我不是名人,我所做的是每一个学生都能做到的。今后,我仍然是一个平凡的人!

我要当画家

江南丘陵山区气候多变,春雨绵绵中,丝丝凉意不断从小山包之间的峡谷飘洒到位于山脚边的县城。虽然初暖乍寒,但送走了寒冬的人们已经赶着趟地穿起了单薄的春装,放眼望去,大街上套着袒露手臂的T恤的小伙子与身穿各种羊绒衫的中年人接踵而至,露着腰腿的时髦姑娘与穿着臃肿不堪的羽绒服的佝背老人并肩而行。

在县城的西南角处,有一间不起眼的小屋,小屋门口栽种着几株清幽的兰草,让人分明地感觉到,主人是个热爱生活的人。

站在屋檐下,抬眼所见,屋门上方悬挂着一块不起眼的小匾:素雅画廊。迈步进入小屋,眼前没有过多的陈设,一张桌子,两张杌子,白底粉墙上悬挂着几幅描绘水乡四季景色的画作。此时,小屋的主人正面对大街,手握画笔,在一块画板上仔细地描绘着一幅粉墙黛瓦的水乡春景。他叫小越,是个聋人,刚刚大学毕业,正在创业阶段。看到有人前来,他站起身,以询问的眼神注视着客人,露出一脸灿烂的笑容,伸手做了个"请进"的手势。

说起小越和他的素雅画廊,还有一段故事。

小越是家中的独生子,在他出生前,父亲是县城一家企业的外销人员,母亲从事着财务工作,虽然不是大富大贵,但是,在小小的县城,节俭持家,无牵无挂,也算家道殷实,令人羡慕。小越的来世,给这个家庭带来了无比的喜悦和欢乐,一家三口其乐融融,只要有空,小两口就会带着胖乎乎的他四处走动。亲戚朋友和邻居们也时常登门,为的是逗他抱他多看他一眼。

然而,在小越两岁那年,大难降临到了这个家庭。年初时,小越接连发高热,医生检查后发现,孩子患了急性肺炎,在医院青霉素、链霉素用了十多天,才把温度降下来。但是,父母渐渐觉得,小越原本常常挂在脸上的笑靥不见了,常常一个人坐在那里,瞪着大大的眼睛,注视着身边的每一个人,也不愿跟人说话,有时,又会无缘无故地哭闹不止。到医院看了,医生也说不清什么原因。父母把他带到市里大医院,各种仪器检查下来,医生摇着头,不无遗憾地给出了报告:听神经药物性中毒,致使听觉丢失!

为了给小越治病,父亲辞去了收入不菲的工作,专门陪着小越,东奔西走,寻找能给小越治疗的专家。半年下来,几乎跑遍了全国,得到的回答都是——"无法挽回"!

父亲由于过度劳累,大病一场,开始以为是患了感冒,买了点药吃上,硬撑着,之后,病情越来越严重,连下床都感觉困难。到医院诊断后,医生给出了报告:再生障碍性贫血。

真是祸不单行啊!

拿到父亲的病情报告,母亲好似断了主心骨,一时不知所措,在极度焦虑和痛苦的煎熬中,乌黑的秀发一夜之间染上了白霜。花光了家中积蓄,又借了许多债,好不容易把父亲的病情稳住,但是,从病魔手中挣脱出来的父亲不再是那个身强力壮,时常把小越抱在怀里抛上抛下的男子汉了,只能靠着药瓶度日。

家道的变迁,让这个原本充满愉悦和欢笑的家庭陷入了痛苦和无尽的悲哀之中。母亲除了每天上班，回到家忙完家务，还要服侍父亲吃药，根本没有过多的时间照顾小越。在这种情境下，心地善良的外婆伸出了援助之手，把小越接到了自己身边。

外婆家在远离县城的乡村，那里四周是山，一条小路从外面通进村子，村民淳朴而友爱。看到小越小小年纪就成了聋孩子，而且家境中道突变，乡邻们都不无爱怜之心，只要有空闲，都会来关心他。张家伯伯用树枝给他削个陀螺，李家婶娘端来好吃的米团，稍大些的孩子也会揆着他到田埂上捉蟋蟀、钓黄鳝。就这样，小越虽听不见大家说什么，但却真真切切地感受到了人们对他的关爱，笑意又慢慢地浮现在了他的脸上。

一个偶然的机会，小越在舅舅家见到一幅精美的国画，他伸出小手，轻轻地抚摸，仔细地端详。舅妈见他爱不释手，就答应送给他。

拿着画，回到外婆家，小越就要外婆帮他找工具学画画。外婆没有什么文化，但是却很有智慧，她找来村小的美术老师。美术老师听说小越喜欢绘画，就很乐意地拿来自己的笔和纸，不厌其烦地手把手教他学起画来。

到了入学年龄，小越被母亲送进了城里的特校。老师知道他喜欢绘画，就介绍他参加了学校美术兴趣社团。这样，小越不仅学习国画，还学会了素描、速写等基本画法，几年下来，小越文化知识长进了，绘画基本功也打扎实了。进入高中后，美术成了专业课，小越掌握了更多的绘画技巧，他立志要当一名聋人画家。

斗转星移，小越不再满足于摆放在教室里的静物和校园里的景色，只要有空，他总会约上几个好朋友，背着画夹，带上干粮，到野外去写生。

春天，婀娜的柳枝、绚丽的鲜花、静静流淌的溪流、雨后喧嚣的小桥都登上了小越的画板；夏日，茫茫远山、潺潺近水、古镇绵延的青石路和身披蓑衣划着小船的渔人也都成为小越的画中意趣;金秋,随风起舞的稻浪、阳光映照下的粉墙黛瓦、田间歇息的农人又成了小越的画作源泉;入冬,煦暖的阳光下慢悠悠抽着纸烟的老人、调皮喧闹的顽童、人来人往熙熙攘攘的集市都在小越笔下生出光彩……俨然,小越不仅从画中找到了属于自己的快乐,而且,正一步步向着自己的理想彼岸前进着。

  时光飞逝,转眼间,在大学美术专业学习了四年的小越意气风发地回到了家乡,在社会各界的关怀下,租借了县城的一处临街小屋,挂起了"素雅画廊"的匾额,屋里,四壁张贴着他绘制的家乡山水和一幅幅精美油画。每天,总会有几拨好奇的客人从小屋带走几幅画作,小越也就凭着自己对绘画的热爱换得微薄的收入,开始了自己"画家"的生涯。

他从宝岛载誉归来

"小奇从宝岛台湾载誉回来了!"
"小奇这次一人独得五枚金牌!"
好消息像长了翅膀一样,在校园里翻飞传送。
春末夏初的校园,花圃中的小草好像受到鼓舞,趁着昨夜的春雨急急地穿起了青葱的外衣,在和煦的阳光照耀下,骄傲地向师生们展露着嫩绿的身姿;挺拔的梧桐树也赶着趟地将孕育了一个春天的花粉稀稀落落地洒在从树下匆匆经过的小脑袋上;鸟雀在疏密的树枝间叽叽喳喳嬉闹,似乎想把刚刚获得的喜讯告诉同伴,让它们一起为小奇歌唱。一切都被这突如其来的好消息震撼着,鼓舞着。
小奇出生在锡城郊外一个偏远的乡村,父亲也是个残障人,爷爷奶奶看着年轻的儿媳妇整日里忙里忙外,就主动把小奇带在身边。苏南农村肥沃的大地、湿润的气候,加上爷爷奶奶无微不至的关怀,使得小奇比其他孩子更懂事。白白瘦瘦的他,随着年龄的增长、学业的长进,各方面都成了班上的尖子,而最突出的却是体育,特别是体育中的短跑项目。
幼年的小奇,站在同学中间能冒出半个脑袋,但他纤弱的身躯、细长的个子并没让人觉得他会是个练短跑的苗子。

三年级那年,学校比往年提前召开田径运动会,准备选拔运动员集训后参加全省聋生运动会,同学们都根据自己对运动项目的理解报了名。

运动会在大操场举行,师生们除了参赛的,都聚集在四周观看,有的班级还拉起了"为班级争光,为运动会添彩"、"当好运动员,跑到省城去"的横幅标语,鼓励那些站在跑道边上跃跃欲试的运动员们。

小奇按照班主任的指点,报名参加了男子丙组100米、200米的比赛。赛前训练时,老师还作了精心的指导。可是,当他站在起跑线顶端的那一刻,白皙而俊俏的小脸还是被紧张的气氛逼得通红。比赛的结果令人意外,这个弱不禁风的孩子一举获得了两个第一名。

从此,体育老师把他作为重点培养对象,经常带在身边,既当他的运动教练,又做他的生活参谋,还不时给他以思想教育和引导,让他克服怕苦畏难情绪。在全省聋生运动会上,小奇居然跻身低龄组别的决赛圈,并斩获了100米、200米的第二、第三名。

就这样,小奇很快在短跑项目上崭露头角,每年学校组织田径运动会,小奇总是在他所参加的项目组中独领风骚,在全市聋生运动会上也逐渐为人们熟悉。

其实,小奇不仅是个脱颖而出的运动苗子,他还是大家信服的班长,每天协助老师管理着繁杂的班级事务。有时,班主任外出学习,他就成了班上响当当的"顶梁柱"。在学习上,他也是一枝独秀,每天上课时,他总是聚精会神地盯着黑板,从老师的一言一行中,理解老师对课文、对题目的说文解义。课后,同学们玩去了,他稍事休息,就回到教室,自觉地温习老师所教的内容,发现不太明了的知识,就赶紧向老师请教,直到全部搞清弄明才会罢休。而对于老师尚未教的内容,他也利用晚上临睡前的十多分钟时间,提前预习,他说,一天十分钟不多,但一个月、一个学期累加起来,就是庞大的时间量。因此,

这里的花儿别样红

每次考试结束,大家心里都很清楚:各门功课的第一名,非小奇莫属!

随着参加各级各类运动会的机会增多,小奇的名声渐渐远播。不久,他成了聋人短跑选手,在全国聋人田径锦标赛上一举打破沉寂多年的百米纪录,进入了国家集训队。此时的小奇很冷静,他知道,比赛的级别越高,人们对他的期望越大,自己该付出更多的努力才行。

这年秋天,他参加了西班牙国际聋人邀请赛,这是他第一次参加国际大赛。当走下飞机舷梯,踏上异国他乡的土地,一种代表国家出征的自豪感在他内心油然升起。经过紧张角逐,15岁的他收获了一金一银两枚奖牌。

回国后,小奇没有骄傲,更多的是反思和总结,寻找在国外参赛时对不同气候条件的适应和与对手之间的差距,接着,他又投入了更为艰苦的训练。

来年,亚洲聋人田径锦标赛在宝岛台湾举办,小奇报名参赛。在紧张的集训中,时间很快就过去了,转眼就到了参赛日期。那天,当飞机飞越台湾海峡,透过舷窗,展现在小奇眼前的宝岛宛如漂浮在碧波上的一片巨大的芭蕉叶,那么优雅和充满吸引力。下了飞机,坐上大巴,在前往宿营地的途中,小奇的眼睛被窗外南国风情所吸引。

紧靠公路一侧是陡直的赭色山壁,粉红色的苎麻花穗密布其间,毫无顾忌地展露着身姿,就像画家在令人望而生畏的峭壁上用画笔点缀出的舞台布景;琼崖海棠的新芽刚刚冒出来,浮在绿色的老叶上,煞是漂亮;黄色的野百合,各自开着美丽的小花,伴着翩翩飞舞的蝴蝶,在远处碧波荡漾的大海烘托下,显得更加美丽;稀有的石斑木厚厚的叶片,如同缀在女士胸前的串串珍珠,在庞大的树干上勾勒出各种造型;株形美观、色彩华丽的朱蕉,间杂在其他植物中,时不时在你眼前闪现,让你生出美丽的公主正跟你捉迷藏的错觉。进入城区,街道两旁根系庞大的榕树像吮吸母乳一般,把气根深深地扎入泥土之中;远处高大的红桧树,则像守护疆土的哨兵,挺拔着巍峨的身躯,傲首仰望着蓝天……

南国植物世界的独特风貌,让小奇沉静在遐思之中,当然,他更清楚此行的目的不是观光,而是为祖国争光,向世人展示中华聋人独特的精神风貌。

比赛那天,天气格外晴朗,偶尔飘过的白云也好像专程赶来为小奇助威似的,在蓝天上舒缓地浮动。在赛程组别中,小奇是最小的——他不仅年龄最小,而且,站在那些身高马大的外国选手之间,他的身材也显得格外纤细瘦弱。然而,小奇并未被对手吓倒,面对着身边各种肤色、身材高大的对手,他只有一个信念:要争取好名次,不负多年努力,不负祖国的栽培!

赛程是短暂的,然而,小奇却在这短短的几十秒中,充分地展露了自己的天赋和才华。当他矮小的身姿前后五次站在高高的领奖台上,五星红旗伴着嘹亮的义勇军进行曲一次又一次升起,人们对这个不满17岁的少年聋人充满了敬意。是啊,谁能知道这个来自大陆太湖之滨的小个子,为了今天的成功,放弃了多少休息时间,又花费了多少精力和心血!又有谁知道,是深深的爱国报国情感激励着小奇,在赛道上不畏如山的压力,奋力拼搏,才取得了今天的惊人成绩!

离开台湾那天,小奇的内心特别激动,俯视舷窗外,浮想联翩。晨曦之中、碧波尽处浮现出林木葱茏、飞瀑如练的一列青山,红日和彩霞将其映照得碧海流金、峰峦苍翠——这就是祖国宝岛,是自己实现走向世界梦想的地方……

青春之火在燃烧

青春是美好的,青葱般的娇嫩,水一般的柔情,在粉色的轻雾袅绕中,给人以神秘与期待。校园里的青春更如清纯的仙女,款款而行,令少男少女们梦幻般地追逐嬉戏,又如炙热的火焰,让懵懂的人们丢弃羞涩,任凭胸中的烈火熊熊燃烧。就在这情与火的游戏中,多少人走向成熟,多少人走向迷茫。小尚就是一位在青春的迷雾中丢失了自我又重拾自信,走向成熟的女孩子。

小尚是一位来自江南名城的美丽姑娘,有着娇小的个儿、扑闪的眼睛、张嘴就笑的神情。她出生在一个知识分子家庭,虽然命运多舛,但家中并未对她产生歧视和排斥,而是把她当作正常孩子抚养,因此,养成了她乐观向上的个性。正是她的自信、豪迈、爽朗,令身边的人们对年少的她多了一份喜爱和怜惜。

随着年龄的增长,小尚也像其他女孩子一样,体形开始变化,脱落成了亭亭玉立的大姑娘。挺拔的身躯、垂肩的秀发、婀娜流畅的外形,加上时时挂在嘴角的笑颜,使她成了人们眼中一颗明亮的星星。

渐渐地,小尚似乎发现了自身的魅力,开始注重打扮。每个周末从家里回到学校,她总会带几件漂亮衣服,把自己打扮得漂漂亮亮的,还会偷偷地带些妈妈用的化妆品,空暇时,在腮帮上、在唇边涂上一点脂粉。而在校园里,原本就性格外向的她,整天像摇曳生姿的花朵,身边总有几个花蝴蝶般的男孩子围着。小尚心里美滋滋的——也许,这就是青春的光彩,这就是青春的魅力吧!

一个风高天黑的夜晚,阴云遮蔽了周围的一切,只有地上的落叶,在秋风的袭扰下,发出轻微的窸窸窣窣。校园四周黑黢黢的高楼,错错落落,在时隐时现的朦胧月色中,就像百兽张着的獠牙,让人感到恐怖和不安。

宿舍楼已经熄灯了,生活老师按照惯例,临睡前又四处巡查一遍。当她走下楼时却发现,操场边的老榆树下,有一团白色的影子在晃动,于是就慢慢走过去,当她逐渐靠近时,终于看清了,习习秋风中两个穿着单薄衬衣的学生正拉着手站在那里,其中一个就是小尚!

见到老师后,拉着小尚的男生迅速离开了,小尚却被老师拉住。那一刻,小尚的脸红得像熟透了的苹果。是啊,在青春的诱惑下,第一次与男生卿卿我我就被老师抓住,那窘境是无法用语言表达的。

不久,班主任就从生活老师那里知道了小尚的"青春秘密",但是,并未过多地责难她,只是借了几本书给她,要她花点时间看完。

怀着羞愧之心的小尚只用了两个晚上就把那几本书看完了,当她把书还给老师的时候,老师却叫住了她,让她谈谈看了书之后的体会……

在老师的循循诱导下,小尚终于明白,青春期是一个人最美好的成长时期,她让人充满期盼,充满活力,也充满了诱惑。只有学会理智地看待和处理青春期所遇到的种种困惑,她才可能把美好的姿态奉献给你,使你成为一个有理想、有朝气,蓬勃向上的青年。

此后的小尚,虽然还是那样活泼可爱,但不再沉迷于言情小说,也不再整天把自己打扮得花枝招展,而是静下心来,把更多的精力和时间投放到了文化知识和专业技能的学习上。

到了期末考试前夕,她学习更刻苦了。她暗下决心,不但要把之前落下的学业补上,而且要争取跻身班级前三名。在这段时间里,人们发现,校园里少了一个小鹿样欢快跳跃的身影,多了一个在香樟树下埋头苦读的学子,而自修教室里也总能见到来得最早、走得最迟的小尚。半个月下来,小尚身材显得更苗条了——确切地说,是两个星期的加班加点学习,让小尚消瘦了,眼圈也染上了一层暗灰色——但是,却换得了考试成绩的大飞跃。她,实现了自己定下的目标!

初尝学习甜头的小尚,更勤奋扎实了,还渐渐地把精力投放到各类校园社团活动中。当她听说学校在市残联支持下,将要组织舞蹈队时,她又像欢快的小鹿一般,第一个找到负责舞蹈的老师报名参加。

就这样,小尚有了新的兴趣,也找到了释放自己热情和能量的更好的处所。

舞蹈基础课是大运动量的体力活动,对于初学舞蹈的学生来说是艰苦的,而且,随着时间的推移,训练难度也越来越大,一些同学开始失去了最初的热情和耐心,寻找各种借口,悄悄地离开了舞蹈队。

在枯燥乏味的训练中,小尚却热情不减。每天课后,她就钻进律动室,对着墙上庞大的镜子操练起来。一遍又一遍伸展肢体,一次又一次重复刚刚学会的动作。就这样,老师每次新教授的动作,她总是第一个学会,并且主动帮助老师指导其他同学。

终于到了新年前夕,为了辞旧迎新,学校组织了文艺会演。各班级、社团都拿出了自己的绝活,要在文艺会演场上一鸣惊人——当然,舞蹈队排练的节目也成了不可或缺的众望之星。

小品、魔术……台上的节目一个比一个精彩,台下的掌声一阵比一阵响亮,师生们被深深吸引住了,大家聚精会神地注视着舞台上的每一个细节。

随着小主持人不太清晰的报幕声和边上手语翻译娴熟的手势,舞蹈队的舞蹈《荷塘月色》终于登台亮相了!

小演员们身着翠绿的舞蹈服装,翩翩起舞,一会儿齐齐蹲下,犹如浮在水面的荷叶,一会儿伸出臂膀,错落摆动,好似出水的莲藕,一会儿分散各处,就像随风飘散的花朵,一会儿又聚拢在一起,宛若天女撒向人间的一团碧玉。在不断变幻的灯光配合下,小演员们表演得洒脱而不俗。其中最抢眼的还是扮演主角的小尚,身穿粉色舞衣的她,在舞台上,众星捧月一般,一会儿出现在荷叶中间,一会儿又远离那一丛翠绿,舒展在舞台的一角。台下的目光随着她的舞步移动,笑颜也展露在每一个观众的脸上。

当小尚和她身边的小演员们以大大的荷叶衬托着一朵粉红荷花的造型亮相时,舞台的灯光聚焦在她红扑扑的脸上——还是那样笑盈盈的,向观众们传送着青春的激情。

台下的师生沸腾了,大家站起身来呼唤着,伸出手臂舞动着——是呀,这是一场展现青春活力的舞蹈,这是小尚消除了对青春的误解,战胜了青春的诱惑后的一次最好的亮相,它再一次告诉人们,青春真的很美丽!

她从普校回来

初见小慧,听着她清晰的话语,你可能认为她是健听的孩子。然而,当你仔细端详并跟她认真攀谈后,就会理解这个安装了人工耳蜗的孩子成长的不容易。

小慧的父母都是聋人,小慧平时跟随爷爷奶奶生活。虽然家境并不宽裕,而且,爷爷自己身体活动也不灵便,但是,为了让小孙女能够感受到语言,多学点知识和技能,不再像她父母那样生活在社会底层,老两口还是咬咬牙向亲戚借了一笔钱,为小慧安装了人工耳蜗,又早早地让她接受语言听力康复训练。

一年的康复,小慧的语言能力进步很快,这除了老师、家长不遗余力地帮助她进行口语训练外,人工耳蜗的确起了重要作用。于是,家人商量,待康复结束,送她进普通小学学习。

然而,到普通小学才一个星期,小慧奶奶就把孙女拉回了特校。她的解释很简单:小慧在普通小学上课不合适!

教务处很快就为小慧办好了转学手续。看着老人家搀着孩子远去的背影,教务主任C老师的内心涌动起了复杂的情绪。

听力缺损的孩子到普通学校学习,对语言和听力的要求都很高,也会让孩子受益很多,但是,普通学校班级学生数多,老师的教学压力大,不可能像特校的老师那样,对每一个孩子实施个别化教学,而教学任务和进度的不同,也让听力缺损的孩子难以持续地学深学好课堂知识。安装了人工耳蜗又具备了良好语言基础的小慧尚且无法跟上普通学校的教学进度,那些语言基础不是十分好的孩子进入普通学校后,学习不是会更困难吗?特校班级学生人数少,老师能够尽可能多地给孩子实施个别化教学,那么,如何才能保证这些孩子安心学习、步步提高呢?

C主任在行政办公会上提出了自己的想法,参加会议的领导们围绕如何提高教育质量,饶有兴趣地展开了讨论,最终,集思广益,达成共识——创设多元教学平台,让每一个孩子都能感受和学到应有的知识!

不久,电子白板系统进入了课堂。老师不再依赖于一支粉笔、一块黑板,而是借助信息技术和手段,将网络上可以应用的资料下载到电脑,制作成适合教学的课件。这样,课堂教学的文字不再是呆板的,而是能够变化的动态字体,加上丰富多彩的图画映衬,教学活动成为可触可摸的,有时,老师还会把实物带到教室,通过投影转换仪放大给大家看,原先只有老师讲学生答的教学形式变得灵活生动,师生的教学情绪也高涨起来。

回到特校课堂的小慧,学习格外认真,她说,普通学校的条件还不如我们,老师讲课也没有现在听得清楚。

可是,就在小慧为重新回到热情的师生中间而欣喜的时候,病魔却跟她开起了玩笑。她安装人工耳蜗的右耳道因为细菌感染,患了中耳胆脂瘤,医生建议马上手术开刀。

术后的小慧恢复很快,但右耳受到伤害后,不能再安装人工耳蜗,只能在左耳进行手术安装。愈后的小慧重新回到学前康复班参加语训康复,老师也对小慧特别关注,集中精力为她个别辅导,认识她的老师只要有空闲就会跟她聊天,帮助她找回更多的语言词汇,因此,她的语言感受能力很快就得到了恢复,语言表达清晰,语音标准。在大家的关怀下,小慧快乐地成长着,她那白皙可爱的小脸总是笑盈盈的,两个小酒窝常常挂在腮边,与淡淡的眉毛、眯成缝的眼睛恰如其分地配合着,让人见了内心就漾起一波一波的涟漪。

经过一年的治疗、康复,小慧又坐到了一年级教室里,虽然换了一茬同学,但是,她的学习劲头没变,上课认真听老师讲课,课后利用教室的网络设备,上网查找与老师讲的内容相关的知识,拓宽自己的视野,有时,她还把自己在网络上查找到的知识下载到电脑上,放给大家看,与同学们一起讨论。

见到小慧学习这样认真,老师们都很喜欢她,同学们也对她十分敬佩。而小慧的个性也日渐开朗活泼,只要身边出现了陌生人,她都会主动跟人打招呼,询问和了解自己关心的事。因此,跟她接触过的人们都难以忘记这位安装着人工耳蜗的矮个子小姑娘。

记得那年"六一"前夕,市领导来校视察,当他步入校园时,一个小女孩走上前来,恭恭敬敬地向他行了个少先队队礼,为他佩戴上红领巾,当他低低地说了声"谢谢"之后,这个端端正正站着的孩子居然口齿清晰地回了一声"不用谢"。这位领导听到小慧开口说话,愣了一会儿,然后,弯下腰去,激动地抱住了她,一边向身边陪同的老师询问孩子的状况,一边告诉大家,之前也曾走访过一些特校,也接触过许多聋孩子,然而,像小慧这样能够很清晰地开口说话的还是第一次遇到。他语重心长地叮嘱学校领导,一定要抓好语训康复,为更多的聋孩子提供开口讲话的机会。

随着时间的推移,学校每年用于改善聋生学习环境的经费不断增长,在语训康复方面的投入也越来越多,从语言辅助训练仪到听力检测仪,从电子白板系统到平板电脑,孩子们耳朵上佩戴的助听器也变成了轻便的项圈……聋孩子学习语言和文化知识的平台日臻扩大,不仅小慧这样安装了人工耳蜗的孩子能够开口讲话,即使听力达130分贝的孩子,照样能够感受声音,学习说话。负责语训康复的老师也积极开动脑筋,为使每一个不同类型的聋孩子建立听觉、模仿语音、学习语言、开口讲话而孜孜不倦地努力着。更重要的还在于每一个孩子在学习和学会开口说话的同时,也建立起了坚定的自信心,树立起了不为命运所屈服的昂扬精神和意志。

大家相信,总有一天,小慧这样的聋孩子也会像健全的同龄人那样,在社会主义建设事业的征程中奋发有为!

命运多舛亦有幸

个子高挑的小苗,脸庞白皙,一头披肩长发,配上并不时尚的衣着,当她站在你面前时,显得文静而质朴。如果不是她说话时吐字有点模糊,你还真不会认为她是个聋人。

小苗的爸爸妈妈都是事业心很强的人,整天在外忙碌,由于家里没人照顾,小苗从小就跟着乡下的爷爷奶奶生活。

乡村的生活是愉悦而自由的,田野里,青绿的小草伸着娇嫩的臂膀,在微风中轻轻摇荡,各种不知名的小花展露着迷人的色彩,似乎招呼小苗一起玩耍;村头的老榆树整天低垂着婀娜弯曲的浓密发髻,像跟小苗这位新相识的朋友讲述着春夏秋冬的故事;屋边的小花狗摇着翘得老高的蓬松尾巴,陪伴在小苗身后,乐呵呵地跑到东颠到西。虽然小苗还不会说话,但是,与小花狗却好像心灵相通,整天喜滋滋地与那忠实的追随者在房前屋后蹒蹒跚跚。

爷爷奶奶知识不多,虽然对她宠爱有加,但也只管她吃饱穿暖而已。

一天,小苗睡到半夜,突发高热,爷爷连忙请来村里的医生,诊断下来,说是感冒,给打了一针。第二天,小苗就又像往日那样,在屋外场地活蹦乱跳地玩了。

几个月过后,奶奶发现,孩子有点"野耳朵",总要大声叫唤才理睬。开始也没在意,但随着时间推移,小苗对外界的声音越来越没有反应了。爸爸妈妈听说后,急忙把她带回城里,到医院一查,药物造成了听觉损害。

急得不知所措的妈妈辞掉了工作,带着年幼的小苗到全国各地求医,得到的答复都是同一个:药物损伤了听神经,丢失的听力已经无法挽回。

小苗正处在语言学习期,却丢失了听力。回到家,父母抱着不谙世事的小苗号啕大哭,但是,着急又有什么用呢!

由于听力丧失,感受不到外界的声音,无法进行语言的模仿学习,小苗从此不愿开口了。

很快就到了入学的年龄,可是,没有一所幼儿园愿意接受小苗。

为了让小苗能够像其他孩子一样正常讲话,万般无奈的父母把她送进了聋儿语言听力康复中心。这里的老师个个都分外认真,她们把小苗当成自己的孩子,一点一滴地教小苗通过助听设备学习聆听,感知声音。然而,由于发声系统协调性不良,声音的组合受到影响,小苗还是无法正常开口说话。老师们并不气馁,每天坚持教她运用舌头、嘴唇、牙齿和口腔各部位发音。慢慢地,小苗终于能够模模糊糊地叫"妈妈"了,虽然不是十分清晰,却让年轻的母亲激动得直掉眼泪。

进入一年级后,小苗一边看老师讲课,一边学习用手语交流,由于她的模仿能力强,一年下来,手语已经掌握得很不错了。

春去秋来,花开花落,随着岁月的流逝,小苗的个子也在长高,学习的文化知识越来越多,手语运用也日臻娴熟。

一个偶然的机会,信息技术老师在课上向大家介绍了借助电脑软件,将美术与信息技术结合起来搞平面设计的方法,小苗一下子就产生了浓厚的兴趣,而且,一发而不可收。见她对电脑如此痴迷,父亲专门给她买了台电脑,还配置了高档的软件。这样,小苗学习信息技术的兴趣更浓,劲头也更大了。

白天,在学校上完文化课,她会来到电脑房,参考着书上的图案,尝试创作;晚上回到家,做完作业,她又打开电脑,埋头于自己的设计。每当遇到困难和问题,她就不厌其烦地记录在本子上,向信息技术老师或美术老师请教。

日复一日的努力,小苗收获了属于自己的快乐。当获悉学校将组织学生参加全国中小学生信息技术创意比赛时,她毅然决然地找到老师,主动报名参赛,并如愿以偿地进入了参赛名单。

在参赛的准备阶段,小苗更是全身心扑在创意画设计中。一有空闲,她就钻进图书馆查资料,或是去书店找原创作品,搜集可资借鉴的材料,然后上电脑尝试自己创作。

看着一幅幅画作从草稿到成画,小苗疲惫的眼神中绽放出了幸福的花朵。这其中花费了她多少时间和精力,已经无法计数,但是,当她从西安赛场回到学校,把沉甸甸的奖牌摆放在同学们面前时,大家才知道她为此所付出的一切,对小苗的羡慕和敬佩之情也在大家心中油然升起。

此后,小苗把更多的时间和精力花在了动漫课和动画学习上,在她的影响和带领下,大批同学热爱上了动画和动漫。

在同学们高昂的学习劲头和情绪的影响下,本着一切为聋生健康成长服务的思想,学校开设了动漫课,专门成立了以信息技术老师和美术老师为主体的教材编制组,设计和编制适合聋生学习的校本教材,还划出专项经费,购置动漫课的专用设备、邀请动漫公司专家为师生进行动漫创意和制作的专题培训,并把老师送去北京电影学院培训学习。就这样,动漫专业课在校园里蓬蓬勃勃地开启了。

对口大学在了解到锡城特校开设动漫课程的相关信息后,专门派员前来商议专业衔接,并在当年开设了动漫专业,招收有志于动漫创意设计的聋生。当春风又一次吹绿大地,小苗和身边的许多同学慕名报考了这所大学,并很快成了响当当的大学生。

大学生活是快乐而充实的,一千多个日子很快就过去了,小苗以优异成绩拿到了大学毕业文凭,接着,又顺利进入一家动漫公司,依靠自己扎实的美术和电脑基础,成为一名动画原作的主创员。

发工资那天,当她把通过自己辛勤劳动换得的报酬交到妈妈手中时,热泪盈满了妈妈的眼眶。这是经过苦难磨砺后看到花儿盛开时感动的泪水,这是面对多舛的命运看到幸运的曙光时激动的泪水,这是看到自家失聪孩子经过努力获得成就时幸福的泪水!

激动的父母带着小苗,专程来到母校,感谢学校为孩子创设了优良的学习和成长环境,使她多舛的命运很幸运地有了转机,最终成为一名自食其力的有用人才。

是啊,面对命运的捉弄,只要我们坚强面对,不屈不挠,幸运之神定会给我们打开一扇通向充满五彩霞光的未来之门!

冠军来之不易

暑假刚刚开始,连绵不断的雨就像长了脚似的,接连下了好几天,到处湿漉漉,到处亮晶晶。天气虽然不如太阳照射下那般毒辣,但却是透着闷热,让人整天感觉好像洗澡没洗干净一样,浑身上下黏糊糊的。校园里的小麻雀却格外兴奋,好像这雨就是为它们而下,一个个趁着雨的间隙,叽叽喳喳叫唤着,从高高的树枝上飞下来,在碧绿的草地上欢快地跳跃着,有几只胆大的径直飞到喧闹的体育馆窗前,看着那里正在发生的一切。

学校体育馆里面确实很热闹。这里正在进行着全省聋生乒乓球比赛,五张乒乓球桌前,十个小选手你来我往,激烈地交锋着,乒乓球桌的两边,分别坐着威严的裁判。用挡板隔着的场地外面,来自全省各市的领队、教练和准备上场的选手,瞪着双眼,虎视眈眈地注视着场内选手的一举一动。虽然选手们无法用言语表情达意,但是,伴随着乒乓球嗒嗒的击落声,紧张的气氛,还是笼罩着整个体育馆,鼓掌声和此起彼伏的加油声在赛场周边不时响起。

赛事已进入了第三天,前两天经过预赛、复赛,许多选手被淘汰了,只剩下场上不多的几位选手,正进行着最激烈的各赛组的决赛。

现在,场上的比赛呈现白热化状态。全场最惹眼的是一位身穿红色运动服的矮个子女选手,只见她把小辫子盘在头顶,一双不大的眼睛紧盯着飞跃在球桌上的黄色小球,右手紧握着球拍,或拉或吊,或长或短,或打左路或劈右侧,时不时还抽上一板,灵活的步伐,流畅的动作,机灵地应付着眼前飞速而来的小球。对面那位身穿白色运动服的大个子选手也不甘示弱,凭着身材高大手臂长,不时地长拉短吊,消耗着对手的体力,但是,命运之神好像总跟她开玩笑,打着打着,不是球出了界,就是用力太小,小球钻进了网底。经过将近一个小时的拼杀,那位小个子选手最终以较大的比分差距获得了冠军。

得胜后的小个子刚走出赛场,就"哇"地一声哭了,周围的人们全都一惊。领队和教练安抚了好一会儿才使她平静下来。原来,比赛太紧张,而结果又太出人意料,激动不已的她把自己的感情全部通过泪花爆发了出来……

这位哭鼻子的小个子运动员叫小静,九年级学生,从来没有比赛经验的她,为参加全省聋生乒乓球赛,这半年可吃尽了苦头。

学校的乒乓球运动一直是强项,那还是已经退休了的S老师从部队转业分配来校担任体育老师留下的成果,一茬一茬队员经过他的精心辅导,成长为一批批选手,又在赛场上成为一颗一颗新星。自从S老师退休后,年轻的W老师把主要精力放到了篮球和田径上,乒乓球运动逐渐成为学生的自由活动项目。

这年春节后不久,省特教专委会决定组织全省聋生乒乓球赛。接到通知,学校召开了专门会议,商定重新组建乒乓球队。

接受任务的W老师和大学毕业不久的Z老师,紧锣密鼓地在全校进行选拔和招募。

听说学校要组建乒乓球队,报名的学生蜂拥而来,一时间,让两位体育老师有点招架不住。教务处给想了个办法:分年龄组进行选拔比赛。赛前,许多学生一有空闲就往体育馆跑,抢占球桌,结对练习,整个校园沉浸在了乒乓球的热潮之中。

通过选拔赛,合适的人选很快确定了,两位体育老师按不同性别把球队分成男女两队,W老师年纪稍长,自告奋勇带女队,Z老师年轻气盛,带男队有活力。学校又专门添置了一应装备,接下来就是艰苦的训练。

由于像小静这样靠着一点天赋、一点勤奋而进入球队的队员有好几个,两位体育老师认真制订了周密的训练计划,既要抓好面上训练,又要做好重点培养。当然,对于小静他们来说,训练中比其他同学付出的自然多得多。每天一放学,他们就跟着体育老师做准备活动,待全身放松后,就开始枯燥的挥拍、击球等基本动作练习。

紧张的一个小时训练所引发的全身酸痛、手臂肿胀,让每一个小队员内心都产生了气馁和退缩,体育老师严格的要求更让他们想打退堂鼓。然而,当他们听到体育老师激励的话语,看到大家相互间越来越密切的配合,以及日益娴熟的技战术,退队的欲望又被压抑了下去。就这样,球队在矛盾和磨合中成长着。在暑假将要来临,参赛队员名单确定前夕,大家的训练频率也达到了顶峰。是呀,经过了这几个月紧张而又艰苦的训练,谁不想代表学校出征,去夺取一枚奖牌啊!

由六位选手组成的参赛队伍最终敲定了。

人们常说,军马未动,粮草先行。两位体育老师如同坐镇军中的将军,运筹帷幄,根据男女选手各自特点,制订了更为周密的训练方案,并如同下棋一般,开始运用战术,排兵布阵。

暑假前夕,天气开始变得异常燥热,毒辣的太阳照得大地白花花的像要冒烟,树木、小草耷拉着脑袋,蔫蔫的,就像被抽了筋似的。这种天气,对于住校的小运动员来说,无疑是意志和毅力的考验。

为了不影响训练又照顾大家身体,两位体育老师作了分工,每天早晨,曙光微露,Z老师就带领大家踏着露珠进行体能训练,W老师则排好每天的训练计划表,早餐结束,大家就按照计划,认真训练;中午稍事休息,就在室内针对训练中的问题上理论课;傍晚,日头西下,稍觉凉快,大家重新回到体育馆进行紧张的训练。

就这样,在不到一周的时间里,大家身上的汗水从未干过,运动服换了一身又一身,洗了一遍又一遍。汗水换来了大家高昂的斗志,老师的鼓励更如甜蜜的甘露,大家憋足了劲头,随时准备冲锋上阵,为了名誉,更为了集体,拼搏一场。

正式比赛的赛程是紧凑而激烈的,经过三天角逐,小运动员们都载誉而归,六位选手分别获得了各组别一、二名,球队也获得了团体总分第二。颁奖结束,大家抱成一团,喜悦的泪花又一次沾湿了鲜红的运动服。

是啊,冠军的荣誉来之不易,这不仅是小静他们的功劳,更融汇了W老师和Z老师的智慧和心血,它是师生团结奋斗的结晶,不是几颗泪花就能表达的!

沃土红花

佳佳长得很有特点：胖乎乎的小脸庞，一双单眼皮包裹着小眼睛，一个小巧的肉鼻子，一张樱桃般的小嘴巴，外加一头短发，显得端庄而可爱，她那逢人便笑的模样更是让见到她的人心生爱怜。可是，就是这样一位招人喜欢的小姑娘，因为从小失去了听力，无法正常与人交流沟通，被狠心的父母抛弃，成了孤儿，所幸的是遇到了一位慈目善心的老奶奶，收养了她。老奶奶是个退休工人，一生未曾生育孩子，但是颇富爱心，自从30多岁收养了第一个孩子后，佳佳已经是她收养的第七个孩子，平日里，老奶奶就靠着自己微薄的退休金抚养这些孩子。佳佳跨入校门时老奶奶已经70多岁，七八年来，佳佳除了不会说话，其他都不比别的孩子差——这，从孩子那双闪耀着机灵光芒的明眸中就能感受到。因此，佳佳的成长是艰难的，又是快乐的。

在了解了佳佳的处境后，老师们对这位活泼可爱的小姑娘又多了一份关爱。课间，老师们会领着她到校园里，教她认识各种树木、小草和小花，学习各类游戏和运动，让她增长知识，培养起亲近大自然、热爱各种事物的感情；闲暇时，老师们买来了各种小图画书，给她讲故事，陶冶她的情感，让她懂得人生的磨难和艰辛，逐渐成长为坚强的人；平常时，老师们会从家里带来可口的饭菜，中午陪伴佳佳一起用餐，让她感受家的温暖，也为她正在茁壮成长的身体增加营养；星期天，老师们又会拿来各自家中的玩具，或是抽空陪她去公园玩耍，让她与健全孩子一样，享受同一片蓝天；换季时，老师们会买来色彩缤纷、样式各异的衣服，让她感受四季的温暖和凉爽；见到佳佳身上不干净，老师们也会轮流把她带回家，为她洗澡、换衣，使她永远干干净净、漂漂亮亮地坐在教室里……就这样，佳佳在校园里享受着其他孩子在家才有的幸福，享受着那么多"爸爸""妈妈"给予的关怀，就像一只快乐的小麻雀，无忧无虑地生活着、成长着。

一天，老师在课堂上见到佳佳眼睛红红的，仔细询问后才知道，同学们做游戏时都不愿意带她。于是，班主任分头找同学谈话，原来是个别家长在了解佳佳的家庭境况后，嫌弃佳佳，不让自己的孩子与她交往和接触，时间一长，其他同学也受到了影响。班主任就组织了专题班会，邀请全体家长参加，讲述了爱心对残障孩子成长的深远意义以及佳佳的艰难成长史，还动员同学们和家长一起关心佳佳。之后，老师又在同学间组织了互帮小组，指定各方面表现优秀的同学与佳佳结帮互助。一时间，关爱佳佳健康成长的思想深入到了每个同学小小的心灵中，大家在活动时，也总是叫上佳佳一起玩，佳佳终于融入了集体之中，又像快乐的小鸟，飞翔在校园里了。

冬去春来，不知不觉间，佳佳脱落成了一个美丽的姑娘，也顺利地升入了高中，然而，紧张的高中课程不再像义务教育课程那样轻松，佳佳学习遇到了困难。为了帮助她学好高中课程，班主任及时进行家访，跟老奶奶讲述高中学习生活的艰苦，共同谋划孩子将来的发展。老奶奶表示，即使捡破烂也要供佳佳上大学，让她学得一技之长，能够自食其力地独立于社会。老奶奶的这番表态增强了老师的信心，也给佳佳学好高中课程注入了一剂强心针。

这里的花儿别样红

学生装饰画《青春》

为了更好地帮助佳佳学习,学校破例安排她住宿,以便她集中更多的时间和精力投入到学习之中。每天,老师们在下班后,也总会安排时间精心地为佳佳补课,帮她扫除学习障碍,掌握更好的学习方法,获得更多的知识养分。

日复一日,随着时间的流逝,佳佳的学业也在一步一步提高。进入高三后,学习更为紧张,看着佳佳日渐消瘦的脸庞,老师们又悄悄地凑钱给她买来了营养滋补品,以补充她一日三餐的不足,为最后的冲刺作准备。

终于,在百花盛开、万木葱翠的初夏时节,佳佳凭着自己的努力,收获了大学录取通知书。此时,喜悦和幸福的泪花不仅挂在佳佳脸上,也溢满了每个老师的眼眶。

可就在大家欢欣鼓舞庆贺的时候,一个严峻的现实问题又像拦路虎一般,出现在了佳佳面前——她那八十多岁的老奶奶因长期劳碌,大病一场,住进了医院,根本无暇顾及佳佳。一时间,佳佳因经济困难可能上不了大学的消息,传遍了学校每个办公室。老师们觉得,佳佳的成长比其他聋孩子更不容易,她的坚韧性格也是其他孩子所没有的,大家应该全力支持她。

很快,带着老师们拳拳爱心和温热情意的钱款汇聚到了学校工会,许多家长闻讯后也送来了爱心捐款。没多久,佳佳入学报到所需资金就凑齐了。

佳佳入学费用解决了,可是,老师和家长的捐助毕竟只能解一时之需,而佳佳今后的路还很长,需要花钱的地方还很多,要想获得长期资助,还得依靠社会。因此,在老师和家长纷纷解囊相助的同时,学校领导也开始分头行动,从街道、残联、民政局,到周边的企事业单位,只要可能筹措到资金的地方,领导们都去了。功夫不负有心人,最终,市慈善总会在了解佳佳的成长经历和家庭背景后,主动出面牵头,为佳佳建立了一笔专项基金,以确保她读完大学。

当佳佳喜笑颜开地准备告别家乡,前往大学报到前夕,老师们又三三两两来到她家中,给她送去各种学习和生活必需品,向她表达美好的祝福,愿她勤奋努力,认真学习,依靠知识和技能成长为一个具有独立意识和生活能力的人。佳佳含着热泪表示,永远不会忘记老师们在她十多年成长过程中的点滴关心和无私帮助,一定以实际行动做一个名副其实的大学生。

第二篇 摇篮车

书海徜徉乐陶陶

多少年以来,人们总是把读书与坐在课堂里上课等同起来看待,认为只要人在课堂就能读好书,其实不然。有些时候,读书能够读出兴趣来还是在上课之余、在课堂以外。这不,惠喑书社就是聋生最爱去的书友聚会的地方。

提起惠喑书社,那可是锡城特校响当当的学生社团呢!那是人们带着希冀的心情刚刚跨入21世纪之时,一群有志于公益事业的年轻人来到聋孩子中间,组织大手拉小手爱心活动。在活动中,他们了解到,许多孩子每天除了上课之外,课余生活非常枯燥,不知道如何增强自己的文化素养,提高自己的思想情操。此后,就有爱心叔叔阿姨从家里带来各种图书,介绍给同学们。每逢此时,喜爱读书的同学就会聚在一起,相互传阅,脸上洋溢起愉悦而满足的神采。

随着视野的开阔,同学们发现,课外阅读帮助大家打开了一扇通向知识宝库的大门,从中可以学到许多课堂上没有的东西,还可以在同学之间交流攀谈时拥有足够的话题与资本。于是,只要有空,大家就会钻进学校图书馆借书。渐渐地,小小的图书馆容纳不下那么多同学了,能够适合各年龄段学生看的藏书也大都被同学们读完了,而渴望读书、希望从图书里找到自己人生目标、追求偶像、满足求知欲望的同学却越来越多。

一个偶然的机会,市图书馆的志愿者来到学校,他们在了解了同学们对读书的渴望心情后,很快就拿出了一个令人兴奋的方案:采用流动图书车的形式,每个月的第一个星期天,带一百本图书来学校提供免费登门借阅服务。

图书馆叔叔阿姨的热情无疑给爱好阅读的同学们带来了福音,一时间,大家奔走相告,热情高涨。当流动图书车来校的那天,校园里就像过节一样,热闹纷繁,到处聚集着手捧新书的同学。飘逸着的书香令人如饥似渴,书中美妙的文字和充满情趣的插图,更是让同学们爱不释手。

为了使读书成为提高同学们综合素质的教育过程,进而培养起大家良好的阅读习惯,学校专门辟出了一间小屋,每当流动图书车把新书送来,就存放在小小的书屋里,便于大家交换。这样,同学们就有了自己的图书室,而且,还挂上了颇有意味的小牌牌——爱心书屋。

随着爱心书屋的建立和书屋里图书的不断更新,一大批热爱读书的同学课余有了新去处,原先不喜欢读书的同学也经常到书屋来,安静地坐一会儿,感受感受书香的味道。

大家从书籍中吸取了比课堂更多的养分,视野开阔了,心胸豁达了,语言能力也比以前增强了,读书间隙也有同学三三两两进行交流了,他们互相介绍趣味浓厚的图书,相互漫谈读书心得体会,高年级同学还围绕某一册书展开激励的讨论,更有同学拿起笔,把自己的读书心得和感受写下来,贴在班级板报上。看到同学们如此高昂的读书热情,语文老师提出了组建"惠喑书社"的建议,让大家在读书之余学习写作,发表感想。就这样,惠喑书社就像雨后山坡上的春笋,破土而出了。

市里颇有名气的小燕子餐饮公司了解到同学们热爱读书和成立惠喑书社的情况后,主动送来了整套设备,还为每个班级捐助了一个大书柜,以方便存储图书。这样,喜欢阅读的同学就不再受时空条件的限制,随时都能有书读了。

慢慢地,惠喑书社也有了自己的活动时间,同学们每个星期都会在爱心书屋聚会,谈论时尚的书籍,还请老师介绍书籍流行榜、专题指导写作,爱心书屋的一面白墙也成了书社园地,定期张贴大家的习作,交流读书心得。

惠喑书社的影响越来越大,书社的活动也由单一的读书写作逐渐演变为读书—考察—实践—写作的综合形式。

晓晓家住农村,父亲因病早逝,母亲含辛茹苦把他拉扯大,但是,由于听力缺损,他从小备受小伙伴的歧视,因此,个性显得压抑而内向。从阅读中,他了解到了丰富的世界,懂得了人生的艰辛,也收获了周围人无法给予的愉悦和快乐。他的博闻多见,换来了同学们的另眼相看。当惠喑书社成立时,晓晓就被大家推荐为第一任社长,他不负众望,自觉在书社中认真阅读和管理,还带着几位同学一起管理爱心书屋。每天爱心书屋开放前,他都会提前把书屋打扫干净,同学们前来借阅时,他就认真介绍,详细登记,当大家结束阅读离开时,他又跟管理员一起把大家挑拣乱的书籍重新摆放好,把书屋打扫干净。有时,他还会邀请老师前来开讲座,指导大家读书。

亮亮是个充满好奇心的孩子,只要有空,她总会坐在窗前,瞪着大大的眼睛,全神贯注地注视着周围的人、事、物,好像要把神奇的世界看个透彻。自从流动图书车带来了各种图书,她就成了热心的读者,当学校成立惠喑书社时,她第一个报名参加,而且,积极参与书社的每一次活动。博览群书、见多识广,使她成了大家心目中的"小博士"。课余时间,同学们都会围着她,听她讲述从书中了解到的万千世界和神奇故事,有同学遇到学习上的困难,也首先想到向她请教。

小薇来自西部山区,作为新市民子弟,她希望早日融入同学之中,真正成为这个美丽城市的一员。惠喑书社丰富的活动,开阔了她的视野,也引导着她一步一步走向知识世界,从这里,她看到了以前从未见过的事物,知道了世界的博大,也懂得了读书才是改变自己命运的重要途径。在课外广博阅览的基础上,她上课更认真了,逐渐成了班级学习的领头雁。

随着读书活动的不断推进,惠喑书社的吸引力日趋增大,许多同学一有空闲就会到爱心书屋看书、聊天,既开阔了知识视野,也增强了相互读唇、会话的能力。每次学校组织参加省、市中小学生读书征文活动,同学们都踊跃报名——大家知道,除了有机会获奖,这还是衡量自己读书功夫的最好时机,是自己走向健全社会的坦途与捷径。

十多年来,惠喑书社就像摇篮车一样,培养了一茬又一茬爱读书的学生,也送走了一批又一批懂得读书、爱好写作、能够与健全人站在同一平台上的同学。如今,惠喑书社仍然那样富有吸引力,仍然在培养着新的读书能手。

我们的"明星篮球队"

星期一一大早,升旗仪式刚刚结束,师生们正三三两两地从操场往教学楼走去,门卫老许就领着一个人拦住了校长,原来是学校所在地辖区的残联徐理事长。两人相见分外热情,寒暄着走进了校长室。

徐理事长的来访,给喜欢运动的孩子们带来了福音。送走徐理事长,校长就召集有关部门领导开会。

"今天徐理事长来,是想请学校组建一支篮球队,准备参加全市聋人篮球比赛。"大家听了校长的介绍,都认为,如果能够组织一支以男生为主体的篮球队,把那些精力旺盛又爱好篮球运动的学生集中起来,既便于管理,又能扬其长处,还能推动学校体育运动,不失为一个好主意。于是,一个由区残联牵头、学校组织、双方获益的篮球队建设方案商定了。

平时,校园球场就是开放的,学生们课后可以在球场上自发地组织起来较量一番,因此,听说学校成立篮球队,无论是高中学生还是小学生,大家兴致都非常高,人人都跃跃欲试,组建球队的通知发出去不到一天,报名人数就有几十个。体育老师不得不逐个遴选,最终,确定了15位初、高中学生为首批队员,而且,根据同学们的意愿,取了个很吸引

眼球的队名——明星篮球队！

　　学校要组建球队的消息很快被学校理事会副理事长、德尔汽车经销公司 Z 主任知道了，他主动来电话，表示对聋生开展体育活动大力支持，不久就给学校送来了一副移动式的篮球架。市体育彩票中心的 W 主任闻讯后，热情也非常高，专门派人来学校了解情况，送来了全套运动服装和十多个比赛篮球。看着全新的体育装备，小运动员们激动的情绪高涨到了极点，也感受到了压力，大家心里默默地冒出了一个共同的信念：一定不辜负领导们的期望，认真训练，力争早日成为配合默契、能打苦仗的球队。

　　训练是艰苦的，面对紧张而艰苦的训练，队员们原先的热情慢慢消退了，而且，随着日常训练量的加大，球队也悄悄地发生着变化，一些带着玩乐意识进入球队的同学，觉得训练太苦，不像自己想象的那样好玩，一个个退出了球队，一些想加入球队，又吃得了苦、经得起磨砺的同学被吸收进来，大浪淘沙般的重新组合，最终成就了一支 10 人的球队。精干的队伍，球员吃苦耐劳的品质，让体育老师也信心大增。

　　每天课后，当其他同学背着书包走向校门回家去时，小队员们就来到操场集中，在体育老师指导下，开始训练。热爱篮球却无缘进入球队的同学，看着他们在操场边做着各种肢体训练动作，眼中无不露出羡慕的神色，而正在训练的队员们则好像感受到了大家的神情，练得更加认真，一招一式，步步到位。

　　当夏日炎炎，师生们都在家安度暑假时，队员们却按时来到学校，在体育老师指导下，顶着当空的烈日，练习各种分解动作：站立投篮、传递运球、三大步上篮、锋卫组合……虽然个个汗流浃背，甚至磨破了球鞋、晒脱了皮肤，大家仍浑然不觉，在体育老师指导下一板一眼地刻苦训练着。

当北风阵阵,人们穿上了深秋的寒衣,准备进入隆冬季节时,队员们却还穿着背心,满头大汗地奔跑在球场上,一会儿个人攻防,一会儿又换成了联合防守,大家跟着体育老师,一心一意地模拟着比赛时相互进攻与阻断的情景。

学生创意画《我的世界》

在艰苦的训练中、在激烈的较量里,大家的竞技水平和场上配合能力不断提升,意志和品格也得到了很好的锻炼。就这样,"明星篮球队"慢慢成长起来了。

小鑫是随父母从安徽来的孩子,壮实的体魄让他赢得了进入球队的机会。每次训练时,他总是不厌其烦地按照老师教的要领,一遍又一遍地重复着单调的动作。即便如此,他从不喊苦叫累,老师布置的任务,他总是超量完成,虽然每次训练结束都感觉筋疲力尽,然而,当他第二天重新出现在球场时,仍然是那样精神抖擞,意气风发。

小洋是城里孩子,个子高挺,却显得瘦弱。开始训练时,他怕苦畏难情绪比较重,一度还曾像那些吃不了苦的同学那样,想退出球队。发现他的思想苗头后,体育老师同他进行了促膝谈心,消除他的思想顾虑,还专门为他制订训练方案,教他训练的基本方法,一步一步帮助他提高骨骼和肌肉强度。随着时间的推移,小洋慢慢地融入了集体之中,训练非常自觉,体格也随之健壮起来,最终成了一名很有力量的中锋。

小贝家在重庆,虽然个子不算高,但他的意志却分外坚强,爆发力也非常好。老师安排他担任前锋,他知道这个角色在球场上的地位,因此,除了正常的基本功训练外,他还每天逼着自己练习长跑,锻炼耐力和速度。随着时间和毅力的积淀,他很快就成了球场上速度最快的锋线人物。

光阴如梭,在艰苦的磨砺中,"明星篮球队"逐渐成熟起来,而且在许多次篮球赛中表现不俗。随着球队的声名远扬,全市各区残联纷纷到学校来商量借用球队,作为残疾孩子参与社会性活动的样板向社会展示。而小队员们在各类比赛中也得到了更好的锻炼,并且,不负众望,越打越好,大家参与训练和比赛的热情也更加高涨。原先退出球队的同学眼看着"明星篮球队"摘金夺银,光彩无比,也纷纷提出了重新归队的愿望。

春华秋实,周而复始。几年下来,"明星篮球队"打出了声威,先后多次代表全市聋人参加省级比赛,获得了各界好评。

笑容绽放在人民大会堂

"喜报来啦！昨晚，我校舞蹈队的师生在北京人民大会堂受到了中央领导的接见！"

刚走进学校大门，一条振奋人心的消息就冲散了冬日凛冽的寒风给师生们带来的萎靡，大家奔走相告，无不为之欢欣鼓舞。是啊，这样的荣耀是舞蹈队师生终年努力的成果呀！

学校舞蹈队是以女生为主，由律动老师指导，外聘歌舞剧院演员担任顾问的舞蹈兴趣社团。由于特校学生少，因此，舞蹈队队员从三年级到高二都有，虽然年龄参差不齐，但却都是平时喜欢蹦蹦跳跳、有点舞蹈天赋的同学。

小勤在家是个乖乖女，在学校也从不与同学争吵，见到陌生人总会脸红红的，显得非常腼腆，可是，自从加入到舞蹈队后，她就好像变了个人，平常只要有空，她就会到舞蹈房，伸伸手，展展臂，抬抬腿，踢踢脚。不久，她就成了舞蹈队的顶梁柱，每次教新动作前，老师总会先教她，然后，让她协助老师一起指导其他同学，因此，许多队友都喜欢跟她交朋友，一起训练，一起玩乐。小勤俨然成了大家的主心骨。

妞妞是个新市民的孩子，父母到锡城打工，她也跟着来了。虽然已经六年级，由于家境比较贫困，她长得瘦瘦高高的,和同龄同学相比显得单薄而孱弱。但是,在舞蹈队里,她却是学习最认真的,每逢老师教新的动作,她都会全神贯注地看,然后,认认真真地模仿,回到家还要利用空余时间对着镜子练习,因此,常常受到老师表扬。

小芬是高二学生,个子高挑的她长得眉清目秀,是舞蹈队的核心队员。高中课程多,时间很宝贵,但是,一心想着要上大学的她还是精心安排时间,在认真完成文化知识和专业技能学习之外,每次舞蹈队训练她都从不缺席,身体力行地为低年级队员做好榜样。她还利用在校住宿的机会,时常指导年龄比自己小、对动作理解有困难的同学。在她的带领下,全体舞蹈队员都精力集中、意气风发地投入训练,确保了每一次训练都收到很好的效果。

学校成立舞蹈队的消息传到市残联,领导们高兴地表示要大力支持,不仅每年划拨专项经费,而且,根据学校要求,聘请市歌舞剧院的领导、编舞和舞蹈演员,定期来校指导学生。具体负责文化工作的老M还经常到学校了解舞蹈队训练情况,想方设法帮助解决遇到的困难。夏日,他会带来西瓜、冷饮,冬天,他又送上御寒大衣和防护用品,把市残联领导对舞蹈队师生的关怀化作了具体的关爱行动。

为了舞蹈队参加全省残障人舞蹈比赛,律动老师小Z一再推迟婚期,一心关注舞蹈队建设和小队员成长。除了日常课务,她把空余时间全都用到了舞蹈动作的设计和创意上。聋孩子理解动作的含义和舞蹈所表现的主题思想有难度,她主动与来校指导的歌舞剧院专家们进行研讨;年龄参差不齐的学生对舞美的领悟有差异,她不厌其烦地给大家讲解,给个别学生开小灶;学生在各种小型演出中需要统一的指挥和调度,她不顾劳累,四处奔波,参与各类演出活动。精诚所至,金石为开,在她的忘我精神感召下,舞蹈队员们信心十足,精神倍增,训练更认真、更刻苦了。

各班班主任也对舞蹈队员们格外关注,日常总是主动了解她们的情况,指导她们处理好学习和训练的时间,关心她们的身心健康——毕竟这些孩子都处在长身体、养心智的阶段。每逢外出参赛或表演,班主任还帮助她们跟任课老师协调好课务和作业,让她们放心地参加活动。

当然,舞蹈队员们也得到了家长无微不至的关心和支持。每周日下午,家长们会早早地送她们到学校参加训练;外出演出,只要是夜晚,家长们都会不顾白天工作的劳累和路途的遥远,陪伴在孩子身边,给她们鼓舞和力量,让她们放心地参加演出。

开始时,舞蹈队也同其他社团一样,只是每天下午课后训练,自从在各种比赛中一次次获奖后,大家的信心猛增,每周日下午的时间也被用上了。在枯燥乏味而又充满艰辛的训练中,队员们团结一心,克服了因听力缺失带来的诸多困难和不便,屡屡代表全市残障人参加全省残障人文娱表演和比赛,居然一路过关斩将,先后荣获多个奖项。这不,这一次又代表全省残障人前往北京参加全国性赛事了。

许多小队员第一次到北京去,而且还是去党和国家领导人开会商议国家大事的人民大会堂,因此,出发前的几天,大家既期待又紧张,有的同学夜里都无法入眠。为此,老师们又耐心地给她们以心理安抚,告诉她们,不用紧张,就当是在学校舞蹈房训练,只要认真做好每一个动作就是成功。终于,大家的心情放松了,一个个满怀信心地登上了前往北京的列车。

北京的冬天,晴日当空,凛冽的北风给人们带来了料峭的寒意,小队员们的内心却充满了温暖。

人民大会堂里人头攒动,舞台上,一曲终了,小演员们向观众频频鞠躬致谢。当主持人宣布舞蹈《茉莉花开》获得一等奖时,台下响起雷鸣般的掌声,师生们来不及擦拭流淌的汗水,欣慰的笑容已经绽放在脸上。

获奖舞蹈《梅花吟》

当国务院领导、教育部部长和中国残联理事长分别握着她们纤弱的小手,看着她们闪烁着智慧光芒的双眼,向她们表示热烈祝贺时,泪水从师生们的眼眶里奔涌而出。是啊,人们常说,一份辛劳一份硕果。今天的成功,是多少个日夜和汗水换来的呀!而当教育部和中国残联领导把一块沉甸甸的"全国特殊艺术人才培养基地"的铜牌交到领队老师手中时,大家更感受到了平时付出的意义。

乒乒乓乓小球队

星期五下午,环绕操场四周的香樟树上,小鸟们在叽叽喳喳传唱着美妙的歌曲,为安谧的校园增添了几份秋日的喧闹,处在校园西南角的体育馆里,却乒乒乓乓,热闹非凡。学校不是为了促进家长与孩子的亲子互动,每逢星期五下午放假,让学生回去与家长团聚么,怎么还有人在挥拍激战呢!

原来,体育馆里是备战全省聋生乒乓球比赛的队员们,他们正在老师的精心指导下,有目的地进行着一对一的训练。

提起"乒乒乓乓小球队",颇令人兴奋,背后也有着许多感人的故事。

三年前,学校工会为了活跃教职员工的业余生活,组织全体教工开展了一次以班组为单位的乒乓球比赛。乒乓球是大家都熟悉的"国球",老师们相互间又知根知底,因此,比赛还没开始,大家就热情高涨,不分年龄,不分男女,前期准备和训练就自发地启动了,一些原来不喜欢运动的老师也加入到了训练队伍之中。

人说,小球力量大。老师们每天课后热火朝天的训练场景,很快就吸引了学生。一开始是那些高年级学生,在老师们训练间隙,窜到球台边拿起桌上的球拍抽上几个球,之后是胆大的低年级学生,跟在大同学身后,像模像样地甩上几手,再后来就变成了男女同学只要有空就抢占球台,打个不亦乐乎。

见此情景,体育老师非常高兴,正好省特教专委会发来通知,将组织全省聋生乒乓球比赛,于是,提出了组建乒乓球队的意愿。

乒乓球运动是最简单的体育项目,但是,对于校园不大,场地匮乏,资金紧张,人手又不多的特校而言,要组建一支常年活动的乒乓球队,却并非易事。于是,学校决定一方面选拔苗子,一方面向社会招募公益人士献爱心。

不久,爱心团队就来了,他们带来了乒乓球桌以及训练所需的一应物品。经过几轮筛选,球员也确定了下来。在简单又隆重的乒乓球队成立仪式上,球队也有了自己的名称——"乒乒乓乓小球队"。

这是一支尚属稚嫩的球队,队员年龄参差不齐,从五年级到高二各年级都有,而且,男女队员混编,因此,在管理上难度比较大。

从组队开始,小队员们就在体育老师指导下,利用课余时间刻苦训练。大家每天下午集中,先由体育老师给大家上理论课,接着是体能训练,拉臂、甩腕、弓步、弯腰、屈腿,在一连串的枯燥动作训练中,小队员逐渐进入角色。由于有了必要的理论和前期的基本动作训练,当大家真枪实弹地进行练习时,就很是得心应手了。

小浩是个非常内向的孩子,但是,每次训练他都不拖拉,还主动帮助体育老师搬运器械物品。训练中,他也是刻苦认真,而且有一股韧劲,每一个动作都按照老师的要求,做正确、做到位。一次训练时,小浩不小心拉伤了腿部肌肉,老师让他在一边休息,可他身在训练场外,心却仍然在场上,坚持按照训练要领做着小幅度的模仿动作。

小宜是一位性格爽朗的小女生,平时活泼好动,加入球队后,更是积极主动。每天训练前,她都会协助体育老师清理训练场地,给大家分发器具,训练中,她也是热情高涨,意气风发,全身心地投入。这不,她正在场上与队友挥拍激战呢,脑后的小辫子也随着她那自如摆动的身躯一摇一摆地晃动着,好像在给她有节奏的动作打着拍子。

小群已经是高二学生了,面临着高考前的紧张冲刺,学习任务相当重,但是,他并没有因此而离开球队,而是在老师的帮助下,很好地调整了自己的作息时间,每天课后,总是抢时间先完成文化课作业,留出自由支配的时间,到体育馆参加训练。他说,我会以自己的实际行动告诉大家,体育与文化学习并不冲突,关键看你怎么巧妙地安排时间。

小队员们正处在长身体的关键时期,为了让他们在艰苦训练的同时,有充分的营养补充,学校食堂给他们开小灶,提供专门伙食,家长们也常常抽时间来学校看望孩子,不遗余力地给孩子以物质和精神的支持。

丁丁是寄宿生,每逢星期天下午来校时,都会带一箱牛奶,每天喝上一点,补充能量,保证精力充沛地投入高强度的训练。小敏的母亲每天送孩子到校门口时,都会给一些零用钱,让小敏训练结束后回家路上填充一下饥饿的肚子。澄澄父亲每天下午都会定时给孩子送来点心,让他有更多的精力投入艰苦的训练……

果实在大家的共同培育下,终于丰收了。

球队初试锋芒是参加各区残联组织的全市残障人乒乓球比赛选手选拔。虽然第一次参加类似的大型比赛,但是,让人没想到的是,球队的所有队员都进入了各自所属辖区参赛选手的名单。之后,他们就以各区残障人运动员的身份参加市级比赛,同为学校队友,如今却成了对手,要同台搏杀,角色的转变,使他们看到了体育运动和竞赛严酷的一面,也增强了自信心。

回到学校,小队员们在训练中更为认真、更加刻苦了。而在他们不畏困难、不怕艰辛的精神和旺盛的斗志感召下,许多徘徊于球队外

学生作品《放飞梦想》

的学生也纷纷要求加入球队。

随着球队的扩大,学校专门聘请了校外专业乒乓球教练,每周固定时间来校指导训练,体育老师也把更多的时间用于球队的基本功训练,队员们的综合素质不断提高,竞技水平也日益提升。每逢节假日,学校还与各区残联联手,组织小队员们进行巡回友谊比赛,就这样,一支由聋生组成的乒乓球队常常活跃在全市各残障人士的活动现场,使球队既有实地练兵的机会,也让小队员们有了展示特长和风采的舞台。

在前不久省特教专业委员会组织的全省聋生乒乓球比赛中,小队员们通过奋勇拼搏,居然获得了团体总分第二名。至此,乒乒乓乓小球队的名声更响了。

小小惠喑报

朋友,你见过《惠喑》报吗?是的,它虽然不如主流媒体出版的大报那样恢宏大气,可是,它那色彩绚丽的画面,活泼新颖的文字,丰富翔实的报道,却实实在在地反映着特校的变化,传递着办报者热爱学校、热爱聋孩子、热爱特殊教育事业的心声。

说起这份小报,它的背后还有着一个非常动人的故事呢。

那是2005年初春的一天,从新闻媒体传来一则消息:在由市委宣传部、团市委、市教育局等单位联合组织的全市中小学生寒假征文活动中,市特校参赛的五篇作品都获了奖。当五位获奖同学兴高采烈地站在健全孩子中间,从市领导手中接过红彤彤的奖状时,大家第一次感觉到自己并不比同龄的健全孩子差。荣获一等奖的小畅从登上领奖台的那一刻起,就立志要认真写作,将来做一名记者。

回到学校,小畅把自己的想法告诉了老师。在语文学科组活动时,许多老师表示应该支持"小畅们"的这一心愿,并很快决定,利用业余时间对热衷于阅读和写作的学生进行专门指导。

在老师们的支持下,同学们劲头十足,大家一起看书阅读,一起学习观察,一起写作练习。随着时间的推移和师生投入精力的累积,同学们的写作水平快速提高,优秀习作不断涌现,有的同学不再满足于坐在教室里写作,要求走出校园,了解社会去。于是,学校成立了小记者社团。

听说学校成立社团的消息后,有同学提出,我们毕竟不是正规报纸的大记者呀,能否给小记者社团取个有个性的名字呢!许多同学不约而同地想到了校门口石碑上刻着的"惠喑"二字。惠喑是1940年建校初期的校名,当时,三位聋人在社会各界的资助下,创办起了私立惠喑学校,专门招收本地的聋孩子,帮助他们学知识,脱苦难,因此,惠喑隐含了惠泽和造福于聋人的意思。老师们也觉得用"惠喑"做社团名称,既传承了学校的传统文化,又赋予了它时代的新内涵。就这样,在大家的共同努力下,惠喑记者社团成立了。

这是一支由活跃在各班的写作小能手组成的队伍,绝大部分成员都是中年级以上的学生,他们借助FM语训系统能够感受到外界的声音,经过良好的语训康复,具有一定的语言基础,能够读唇和简单会话,因此,他们与老师、同学沟通交流一点也不成问题,而且,他们已经具备了良好的文字功底,能够将采访到的内容经过整理,形成具有一定意义的文章——虽然有的小同学由于手语的影响,有时还难免把"校长"与"家长"搞混淆,出现让人啼笑皆非的情况。

小薇是个胖乎乎的女孩子,个子矮小的她平时最喜欢的就是读书,空余时间总是一个人捧着新买的图书在宿舍里有滋有味地品读,有时手头的书看完了,她也会钻进图书馆去,查找和翻阅心仪的书籍,然后静静地坐上一阵,独自享受书中的乐趣。自从加入惠喑记者社团后,小薇成了个大忙人,整天除了上课做作业之外,就见不到她的人影。之后,小伙伴们才发现,原来,她时常躲在爱心书屋里埋头写作,把她日常见到的听到的想到的全都写下来,然后,缠着老师给她修改。老师也愿意把她的文章介绍给报社、杂志社,所以,经常能见到署着她名字的文章发表在报刊上。

小倩聪明、小巧、活泼、机灵,点子也多,虽然学习成绩在班上不是最好的,但她热心公益事业,这惠暗记者社团自然也少不了她。见到别的同学在报刊上登载了文章,她总会噘着小嘴,赌气似的走到一边,事后又照常认真地写作和采访。一天,弟弟从学校带回家一张校园小报,看着看着,她的眼睛就亮了,连夜在 A4 纸上又写又画,设计出了属于自己的校园小报。第二天,当她把自己设计制作的校园小报带到学校,不但同学们受到了启迪,老师们也觉得新颖独特。一个大胆的设想也在大家心中浮现:能否办一份属于自己的校园小报呢?

学生国画习作《和谐》

大家向负责惠暗记者社团的老师提出了这一愿望。可是,办校园小报毕竟不是小事,不仅需要人力物力,还需要财力的支持。于是,学校专门召集了专题会议,请语文老师、美术老师、信息技术老师和小记者们共同商议,出谋划策。

经过大家的集思广益,小报的雏形终于设计出来了,小报由新闻、习作、艺术、教育等四个部分组成,为了表达对学校历史的传承,取名为《惠喑》报。学校还从办公经费中拨出专款,支持小记者们办报。

当第一份1/2开版的彩色胶印《惠喑》报带着油墨的清香传递到师生们手中时,大家都宛如抱着一个新生的娃娃,喜悦之情溢于言表。是啊,这可是学校创办六十多年来首创之举啊,它融汇了师生们多少智慧和心血哪!

有了自己的校园小报,小记者们采访、写作更积极了。他们利用业余时间,搜寻校园中发生的点滴事件,采写校园生活中的逸闻趣事,有时还会访谈校领导、向老师约稿。大家在春发、夏长、秋收、冬藏的四季轮回中忙碌着,收获着。小记者们的写作才能得到了更好的培养与展现,丰富多彩的校园生活信息也通过小报,传送给了家长、传达到了社会,为宣传学校,唤起更多有识之士关心特殊教育、关注聋生成长,铺设了一条新通道。

如今,《惠喑》报,成了校园里一道别具靓丽色彩的风景。

泥塑也有灵性

周日午后,骄阳下的校园里,几只白背小鸟竖着高翘的绿尾巴,在鲜艳的红色跑道上跳跃嬉戏,偶尔发出几声清脆的鸣叫,一会儿又歪着脑袋,用尖尖的喙修理修理羽毛,然后,瞪着小黑豆似的眼珠子,注视着周围,好像在向随风飘落的秋叶炫耀自己漂亮的外衣。远处落叶丛中,一只深灰色的鹧鸪正在寻觅着食物,并不时地咕咕咕叫唤着伙伴,给静谧的校园增添了几分悠闲和安逸。不多时,一群个子参差的学生,边打手语,边咿咿呀呀地说着什么,在电动校门的嘎嘎声中脚步散乱地进入校园,惊飞了那些安然自得的鸟儿们——这是学校泥塑社团的同学参加由惠山泥人厂的志愿者叔叔指导的泥塑兴趣活动来了。

惠山泥人是锡城著名的文化产品,一堆泥,一双手,几分钟时间就能捏出一个个栩栩如生的人物或小动物,这种已有600多年历史的手工艺术,令每一个学生都感到新奇而好玩。

一次家长会上,有家长提出,能否让学生学点手工制作。事也凑巧,在接待志愿者活动时,来自惠山泥人厂的志愿者听说了家长这一愿望后,主动提出,愿意利用星期天来校指导有志于学习泥塑的学生。于是,在丝网花制作、十字绣和刺绣等手工艺活动之外，泥塑社团又诞生了。

社团组建初期，负责社团活动的老师担心，虽然大部分学生都有美术基础，也怀有强烈的学习欲望，但是，立体塑像比之于平面绘画，在形体造型上有难度，可能会影响学习效果，同时也冷落了那些热心的志愿者朋友。但是，同学们信心满满，表示绝不会辜负志愿者叔叔们的善举。此后，每逢周日，下午一点钟，志愿者叔叔就会准时来到学校，学生们也会提前返校，参加泥塑兴趣活动。

瑶瑶是三年级的小女孩，以前每天早晨起床都要家长再三催促才会穿好衣服，日常生活小事也是拖三拉四的。自从参加了泥塑社团后，她总是早早吃好午饭，第一个赶到学校，帮助老师整理活动室，做好准备工作，老师讲课时，她也总是专心致志，一丝不苟。后来，她担任了活动小组组长，积极性更高了，不但在学校认真向志愿者叔叔学习，回到家还用橡皮泥练习新学的手法。由于她细心认真，捏出来的塑像常常受到老师的表扬，老师还让她介绍学习经验，与大家一起分享。渐渐地，她爱睡懒觉的坏毛病也改掉了，平时上课也勤奋刻苦起来。

小军是最早报名参加泥塑社团的，然而，由于他的美术基础不是十分扎实，参加几次活动后，感觉揉捏泥巴不够刺激，开始时的热情就慢慢冷却了。老师发现后，及时跟他谈话，给他鼓劲，还借来各种美术书刊，帮助他理解物体形态的基本构成特点，请美术老师给他讲解美术基础知识，从局部形体的构造起步，耐心指导他绘画。渐渐地，小军的兴趣重新高涨起来，每次泥塑活动，都会主动向老师问这问那，还不时地指导其他小同学，俨然成了一名有经验的小老师。

志愿者叔叔每次活动结束，都根据同学们的学习情况加以点评，针对学习中的问题，及时调整教学进度，以确保每一个同学都学好。时间一长，同学们不但能够从志愿者叔叔的眼神中了解自己作品成功与否,还能够从他们一个个小小的举动中领悟到自己的泥塑存在什么问题,学起来更认真了。

到第二个学期,同学们的泥塑兴趣已经由最初的依样画葫芦变成了自我创作,许多同学利用空余时间,把从书本上、影视中见到的卡通形象,画在纸上,带到学校来,然后,再把图纸上的形象捏成一个个小泥塑。有的同学还尝试着把在动物园见到的小动物搬到设计中,于是,一批熊猫、小狗、茶具、头像被捏了出来。这些小小的创意作品,虽然还充满着稚气和生疏,有些甚至还不成为塑像,但是,却透露出了同学们对周围事物的仔细观察和对泥塑活动的真心喜爱。

能够捏出基本外形后,志愿者叔叔又指导大家学习上色。如果说捏泥塑还只需要手上的力气,那么,给泥塑上色就需要真功夫了。

一开始,有些同学没掌握好上色的要领,用笔轻重不一,涂色深浅难辨,上好色彩后,连自己都觉得难看。志愿者叔叔就耐心地教大家从失败中查找原因,从成功中寻找规律,并让大家按照调色、握笔、蘸色、运笔等上色步骤,先在废纸上练习,掌握了基本要领后,再给泥塑上色。

为了掌握好手腕与手臂动作的协调,许多同学不但在活动时认真练习,晚自修做完文化课作业后又接着练。功夫不负有心人,就在这不间断的练习中,同学们逐渐地找到了上色规律。

又一个学期即将过去,当手捧栩栩如生的作品,再看最初那些胡涂乱抹的塑像,大家都会意地笑了。这是经过努力,获得成功后的欢笑,这是自我评价、自我成长、自我觉悟后的欢笑,因此,笑得格外开朗。

冬日来临,雪花纷飞时,校园艺术节开幕了,同学们把自己精心制作的各种泥塑拿了出来,布置成一个别致的展台。看着展台上憨厚的熊猫、机灵的小猴、滑稽的米老鼠、张着嘴巴好像在狂吠的小狗、胡须横翘笑容可掬的哆来Ａ梦,以及粗眉大眼举着重物的鲁智深等形象,围观的师生无不伸出大拇指,夸耀泥塑社团的同学们手艺高超。

"六一"国际儿童节,市领导来到学校,泥塑社团的同学们给来访的领导当场表演了泥塑手艺,市委Ｌ书记拿起刚刚塑好的"拉二胡"作品,欣慰地夸奖:"没想到锡城的文化遗产正在这里传承。"又对老师说:"你们传达了党和政府对残疾孩子的关爱,挖掘了孩子们的潜能,体现了教育公平。"

听了这样的赞语,泥塑社团的每一个成员心里都像喝了蜜一样甜。是呀,只要我们认真、勤奋、刻苦,什么奇迹都能够创造出来!

爱心志愿小分队

一夜春风吹去了笼罩多日的雨雾,春日的朝晖给静谧的梁溪河带来了新的辉煌,河面上,齐整的涟漪随着微风的吹拂,有规律地泛着清波,河边的垂柳已经孕育出点点新绿,在河水的映照下,像个美丽的小姑娘摆弄着优雅的发髻,土壤中的小草也在阳光照耀下苏醒过来,舒展着娇嫩的臂膀,捧出星星点点的小花,装扮着春天的美丽。

河岸边,十几个学生模样的孩子正在清扫着陈腐的树叶和路人随意丢弃的纸屑。看着他们认真地做着各自的事情,却悄无声息,行人都不由地向他们投去奇异的眼光。谁会想到,这是一支由聋孩子组成的志愿小分队,正利用周末休息时间开展"走向社会、服务社会"爱心服务活动呢。

提起特校的爱心志愿小分队,倒有一段很振奋人心的故事。

那是进入新世纪的第二个年头,随着经济社会的迅猛发展,人们对残障人事业也开始有了新的认识,富有爱心的公益人士时不时地走进校园,通过爱心活动,把社会的关爱传递给每一位聋孩子。然而,老师们发现,由于缺少必要的心理沟通和认知环境,在爱心活动中,聋孩子总是处在被关注、被爱护的地位,却无法理解人们为什么关心和爱护他们,更没有从精神层面感受到社会对自己的关怀,因此,常常把人们的善意之举误解为鄙视,把爱心活动当作常人的娱乐,不愿主动融入其中,不懂得感恩,甚至连起码的微笑也很难从他们的脸上见到。他们常常手捧人们赠送的文具用品或玩具,躲在校园一隅,灰暗的眼神中透露的是惊恐与自卑。

如何才能让这些孩子真正理解社会各界对他们的关心和爱护,让他们主动融入主流社会,将来更好地参与到社会大家庭的建设和服务之中呢?

不久,一个由学校共青团和少先队牵头、中高年级学生自愿报名参加的爱心志愿小分队成立了。

学生十字绣作品《秋菊妍》

志愿小分队成立之初,确定每周四中午为活动时间。这天午餐过后,同学们就会集中到团队活动室,然后分成若干小组,按照事先落实的地点和任务,分头在校内开展志愿服务活动。他们有的打扫操场周边的落叶,有的去后勤部门和食堂帮助清理杂物、搬运垃圾,有的到低年级指导小弟弟、小妹妹学习文化知识,还有的在校园各处巡视,发现需要修缮的设备设施,及时告诉老师,发现小同学追逐吵闹,也会及时加以制止……

志愿小分队丰富多彩的活动,不仅培养了同学们关爱他人的爱心,而且,对周围同学也产生了无比巨大的吸引力,许多低年级同学主动跟着小分队同学,当起了"编外小队员"。

随着时间的推移,爱心志愿小分队不断充实扩大,许多服务小组也不再满足于校园活动,提出要参与更多的社会公益事业。于是,学校帮助他们联系了社区、街道和学校周边的企事业单位,让他们利用周末空余时间,到社会上开展形式多样的爱心服务活动。同学们在活动过程中,边献爱心边学习和了解社会,有时还把书本上学到的知识运用到实践中,使得爱心服务活动成了很好的社会实践机会。

社区敬老院里,志愿者们帮助打扫环境卫生,送上自己制作的手工艺作品,还为孤寡老人带去欢快的舞蹈,让老人们感受到了春天般的青春气息;社区宣传栏前,同学们擦拭橱窗、张贴画报、编写板报期刊,布置和美化沿街宣传栏,为创建文明城市作出自己的贡献;运河公园边,大家捡拾花圃中的杂物和垃圾,为花草松土浇水,除去杂草,还向游客和路人分发宣传环境保护的资料,把环境保护的意识传达到社会,告诉身边每一个人。

为了让同学们全面认识和体会经济社会的飞速发展和变化,主动参与经济社会建设服务,学校还组织他们走进工厂,深入车间,观摩现代化企业的产品设计和工作流程,帮助企业打扫卫生、美化厂区、搬运货物。

在希捷电子有限公司,大家跟随工作人员参观现代化电子产品的终端设备制造和工艺流程,参与厂区的外勤服务,从中感受现代工业的迅猛发展,也体会为他人提供帮助的愉悦。

在海力士现代化大型集成电路车间,同学们一边欣赏奇妙的流水线生产,一边听取陪同人员介绍跨国公司在节约能源、降低成本和绿色环保等方面的做法和成就,感悟信息社会从产品设计到日常管理的科学化程序,同时,为工厂小花园除草施肥,参与公益劳动。

在霍尔塞特机械制造集团的厂房里,大家领略了英国文化与制造产业之间的关系,体会人类借助科学知识推动社会发展的伟大意义,懂得了学习文化科学知识、掌握现代化生产技能的重要性,并在车间参加必要的生产劳动,收获劳动的快乐。

在丰富多彩的志愿服务和社会实践中,同学们培养了爱心和耐心,学会了关心经济社会的发展和建设,学会了关爱需要帮助之人,也以自己的实际行动,展示着聋孩子"身残志坚,奉献社会"的决心和毅力。大家知道,四季的变化不以人们的意志为转移,但是,春华才能换得秋实,即使是寒冬腊月,只要人们付出一点爱心和温情,同样能将覆盖在社会各个角落的冬雪融化,让春色早日降临人间。

如今,聋生爱心志愿小分队日益壮大,同学们的足迹也遍布了锡城四面八方。

我们的书画也值钱

美术是特校的专业课,聋生由于听力缺损,视觉补偿功能比常人强,美术学习也就成为其优势。为了让同学们学好美术,打下坚实的美术基础,也为使那些具有美术天赋的同学从小得到良好培养,将来有条件投身美术创意和设计,更好地融入健全社会,学校在社会志愿者的帮助下,成立了书画社团。

书画社团最初不叫社团,只是兴趣小组,成立之初,只有高年级那些喜欢美术的同学报名参加。大家在美术老师指导下,熟悉和练习基本功:素描、速写、水粉、水彩、竹刻、木雕……慢慢地,对各种美术表现方式有了初步了解,并能根据各自的爱好,选择其中的几种类别学习。那时候啊,大家可真刻苦,只要有时间,就会埋头于小小的画室里,在老师的指导下,或用笔,或握刀,干着自己喜欢的事。在大家有了一定基础之后,老师就开始带领大家从临摹走向写生和创作。

书画兴趣小组的同学坐在校园里写生,那专注的眼神、老练的笔触,引来了中低年级同学的围观。从他们欣喜和艳羡的眼神中,美术老师看到了羡慕和追求之情,也发现了许多具有美术天赋的"可塑之才"。于是,书画兴趣小组进行了一次补充，一下子就有几十人报名，经过选拔，留下了十多位同学，这样，就使原来只有七八个同学的书画兴趣小组扩展成了二十多人的书画社团。人多气盛，而且，先入门者为师，后来者虚心学习，每次活动，大家都精神十足，显示出了勃勃生机。

书画社团的活动越来越丰富了，社会上爱好美术的志愿者也主动来校担当起业余老师，带领大家走出校园，去街头、去公园、去博物院写生。早已退休在家的美术老师也受环境感染，主动来校担任书法指导，在一笔一画间，传达着对特殊教育、对聋生和年轻教师的无比关爱。

欢欢和欣欣是姊妹俩，都因病留下了听力缺损的后遗症，姐妹俩又都不为命运所屈服。欢欢个性外向，充满热情，欣欣个性内向，喜欢一个人默默做事，但她们都对美术怀有深情。欢欢在国画上舍得钻研，欣欣则对烙铁画情有独钟。加入书画社团后，她们相互学习、相互勉励，还相互暗暗较劲，姐姐在宣纸上画出一幅构图精美的山水画，妹妹必定会在夹板上烙出一个栩栩如生的人像。就这样，两人并驾齐驱地竞争着、成长着，还把这种劲头移花接木到学习文化知识上。最终，姐妹俩不仅在美术天地里收获了不菲的成果，而且，双双考进了省城的大学。

小邵是个懂事的孩子，父亲因病长年卧床，母亲辛辛苦苦地劳作，支撑着濒临破碎的家。小邵从小就喜欢绘画，并且立志要学好美术，将来做一个画家，独立自主地养家糊口。因此，当知道书画社团又一次招募新同学时，他第一个报了名。进入书画社团后，他更是如饥似渴地学习，把老师每一次教的内容，记在笔记本上，带回宿舍仔细揣摩和复习。每次结束绘画活动，他也会认真总结，寻找规律，还从图书馆借来各种美术书籍，临摹学习，见到老师画的画，他也会缠着老师传授技巧。经过不懈努力，他的画作水平不断提高，每一次学校组织爱心义卖活动,他总会拿出自己的得意之作,又将义卖所得全部捐献给学校的爱心基金。善良的心地、扎实的文化知识、良好的美术基础,陪伴他进入了东北某大学艺术学院。四年的大学生活更锻炼和造就了他,毕业后,在残联帮助下,小邵在家乡开设了个人画廊,最终实现了自食其力的画家梦。

蕾蕾自小喜欢书法,参加书画社团后,经常面对笔墨而废寝忘食,书法水平不断提高,她的作品常常作为礼品,赠送给远道来访的客人。在书法水平提高的同时,她又选学了篆刻,一有空暇就替同学和老师雕刻图章,虽然手法稚拙,但她在活学活用间,篆刻水平得到了很快的提高。之后,她的书法作品和篆刻作品同时被推荐参加全市中小学生书画展,都获得了一等奖。

随着同学们习作水平的不断提高,许多作品经过精心装帧,被收入了学校陈列室。几位来自欧美国家的宾客在学校陈列室见到精美无比的美术作品,无不夸耀和赞叹,在拍照留念之余,还争相自掏腰包,高价购买这些出自聋孩子之手的美术工艺品。书画社团也随着这些美术作品的远行而声名远播了。

我们的书画作品连外国朋友都喜欢!这又触动了同学们深藏的灵感,于是,在老师的精心指导下,大家又利用业余时间,赶制了一批作品,投入到大型爱心义卖活动之中。

在义卖活动中,栩栩如生的十字绣、精工制作的烙铁画、装裱精美的国画和苍劲有力的竹刻、木雕及篆刻等,都深深吸引了围观的路人。见到出自聋孩子之手的美术作品,大家爱不释手,纷纷解囊购买。有些带着孩子的父母或长辈,看到聋孩子都如此用心,在选择和购买展品的同时,还不忘教导自己的孩子,要向这些年龄相仿的聋孩子学习。义卖活动结束,大家把义卖所得全部捐给了市慈善总会,用于资助贫困学生和需要关心与帮助的社会人士。

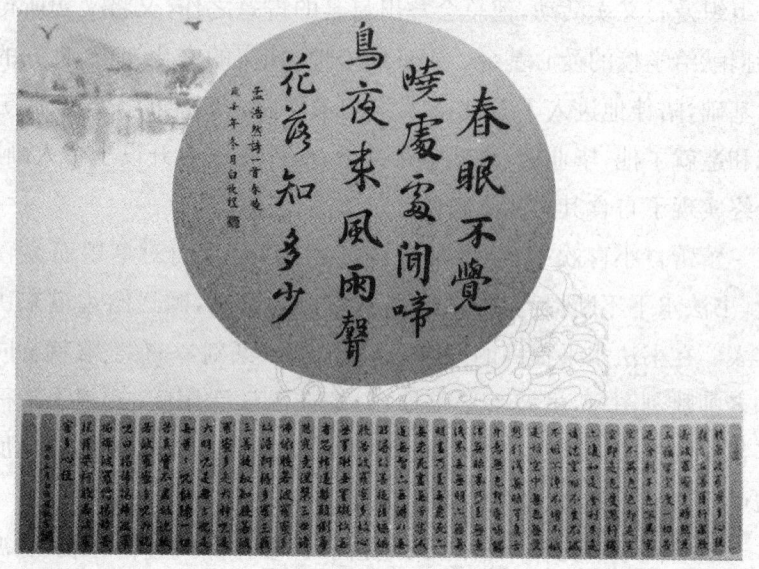

学生书法作品

聋孩子的书画作品参加爱心义卖及捐助活动的消息,感动了众多公益人士和志愿者,他们非常热情地来到学校,把关怀送给每一个聋生,还召集热心公益的企业主及社会各界有识之士,组织专场爱心拍卖会,使学生的作品身价成倍、成百倍地增长,仅其中的一幅书法作品,成交价就高达 7 500 元。

看到自己的习作有如此高的价值,书画社团同学们的学习兴趣更浓厚了,依靠自己的劳动换取报酬和收获,成为大家的坚定信念,自主融入主流社会的意识在同学们小小心灵中一步步增强。如今,书画社团照常活跃在校园里,一茬又一茬的同学在老师指导下,感受着美术天地带来的愉悦,在收获精神食粮的同时,为自己,也为他人谋取着一份份物质财富。

第三篇　爱的滋润

第三辑 / 爱的箴言

慈母般的老师

初春的早晨,一场风雨将刚刚露头的暖意吹得一干二净,一夜之间,气温从 12~13℃ 降到了冰点。学生小兴穿着单薄的秋衣,抱着双臂,瑟瑟缩缩地从宿舍跑进食堂。刚掀开食堂门口挂着的帘子,就与一位刚用好早餐走出来的女老师撞了个满怀,哗啦一声,杯盘满地。女老师愣了一下,但她并没有急着去捡拾地上的碗筷,而是瞪着那双美丽的大眼睛,伸出手,捏了把小兴的臂膀,边打手语边问:"哟,你怎么穿得这么单薄?"

原本以为要遭受老师批评的小兴脸一红,结结巴巴道:"周末回家将寒衣换洗后,忘了带来学校。"

女老师弯下腰收拾起散落一地的碗筷,顺手放在餐桌上,然后脱下身上的羽绒大衣,披到小兴的身上。小兴知道,老师昨夜值班,辛苦了一夜的她过会儿还要上早读,把羽绒大衣给自己穿了,她怎么上课呀,连忙缩回身子,把羽绒大衣推给老师。可老师眼中露出威严的目光,对他说道:"穿上!我还可以想办法。"说完,就拿起桌上的碗筷朝水池边走去。

看着身上只剩一件毛衣的老师的背影,小兴内心充满了敬意,裹紧大衣,匆匆向餐桌走去……

这位女教师是 X，年纪虽然不大，却是一位在学生心目中像妈妈一样的老师。

X 老师出生于教师之家，姊妹俩所从事的又都是教书育人的工作，因此，平时的一举一动都显露着师者风范。自从师范毕业来到了特校，就成天跟聋生打交道，她把自己从小感受的师者家风与在学校学得的专业知识，巧妙地结合起来，又把教育与爱心紧紧地融为一体，在教育中既严格又关怀，特别是自己有了孩子之后，她对学生更是倍加爱护，把母爱之心诠释得淋漓尽致。因此，跟她打过交道的学生对她既喜欢又敬重，她也被同学们亲昵地称作"妈妈一样的老师"。

人说，眉目能传情。提到 X 老师，同学们就会立刻想到她那双美丽的大眼睛，那可是一双楚楚动人、摄人魂魄，又能让你在她面前自然袒露心声、毫无保留地接受教育的眼睛。

X 老师教中高年级的英语。一次，小恬因为英语单词没记住，课上被 X 老师批评了两句，小恬认为老师小题大做，就当场耍小脾气。X 老师看在眼中，没有吭声，课后，她把小恬叫到办公室坐在自己面前，神情专注地盯着小恬看了足足三分钟，开始，小恬还看着老师，但是，渐渐地，他从老师的眼神中看到了怒火，好似就要把他融化，小恬茫然不知所措，连忙低下头去。平日里很短的三分钟，现在却是那样漫长，小恬真恨不得找个地洞钻进去，就在小恬慌无选择的时候，X 老师开始跟他讲述自己在学生时代学习英语的故事，讲述英语学习对聋人融入主流社会的重要意义，讲述学好英语与经济全球化的关系。小恬慢慢地从慌乱中平静了下来，他从故事中了解了老师的成长经历，也理解了学习英语对于聋生融入主流社会的重要性。当他抬起沉重的脑袋，再看 X 老师时，发现她眼中的愠怒已经散去，替而代之的是温和与激励的神情。至此，小恬爱上了英语课，X 老师布置的作业，他总是第一个完成，还成了老师教学的好帮手。

对学生爱之愈深,在教育方式上 X 老师也就愈加注意,她从不随意伤害学生,甚至,把学生一个个都当成自己的家人一样关心和热爱。

珍珍是个孤儿,从小缺少关怀,行为习惯也比较差,在同学心目中就是一只令人唾弃的"丑小鸭"。X 老师了解后,时常把她带回家去,替她洗澡、给她买新衣服,还把自己孩子的玩具送给她。随着珍珍年龄增大,X 老师又不厌其烦地手把手教她做一些力所能及的家务活,让她学会料理自己。几年后,珍珍脱落成了明理守纪、人见人爱的美丽小天鹅。当大家夸耀她时,她总会摇着头说,别夸我,没有 X 教师,我还只是一只不受人喜欢的"丑小鸭"。

有一段时期,X 老师家中事务缠身,整天心绪不展,但是,只要她来到学生中间,眉头的愁云立马消散,疲倦的脸上重新挂上淡淡的笑靥,眼神中流露出的是对学生满满的关怀和爱护。

一个深秋的傍晚,萧索的寒风吹拂着,往日喧闹的球场只剩下几个球架落寞地屹立在球场中央,操场上显得空旷寂静。寄宿学生们用完晚餐,一个个精神十足地迈出敞亮的食堂大厅,穿过宿舍区连接教学楼的回廊,向教室走去。不知谁,手指着教学楼办公室,惊呼了一声。大家抬眼望去,那里灯火通明,显然还有老师在工作。于是,大家三三两两靠近去,透过窗户,发现是 X 老师正埋头批改作业。班长君君轻轻地敲了敲门,走进去提醒老师该吃晚饭了。X 老师感激地看了他一眼,然后,放下手中的笔,边说边打着手语告诉他,明天婆婆要住院开刀,她要去陪伴老人,因此,得赶紧把同学们的作业批改好,发给大家,以免耽误了大家的学习。当君君把这个消息传达给同学们时,大家对 X 老师更敬重了,英语课代表跑到办公室,要替老师批改作业,其他同学也找到老师表示:您放心去伺候老人吧,我们会自觉学习英语的。X 老师被同学们的热情感动得热泪盈眶,可她仍然坚持把作业批改完才急急忙忙赶回家去。第二天,婆婆手术一结束,她就又赶回学校给同学们上课来了。

　　常言道,春华秋实。X老师在特殊教育这片土地上已经周而复始地走过了二十个春秋,她早已从一个富有朝气、青春勃发的青年教师成长为一个成熟稳重、学生爱戴的慈母般的老师,她所教过的学生一茬一茬地离开学校,融进了社会主义建设事业的洪流,成为自食其力的劳动者。可是,X老师并未因此而满足,仍然像刚刚走上讲台的年轻人一样,时时刻刻把自己的热血和光华奉献给特殊教育事业,像爱怜孩子的母亲一样,用爱心滋润着每一位聋孩子,引领着他们,从茫然无知的当下向着光辉灿烂的未来前进。

他们不再逃课

新学期开学的第三天,教务处召开教师座谈会,会上大家围绕网络兴起后对学生和学校教育的影响畅所欲言,有几位教师同时提到了一个爱逃课的初二学生小鞠。班主任反映,小鞠非常聪明,可是由于从小娇生惯养,形成了自由散漫的陋习,影响和阻碍了他聪明才智的发挥。几位领导简单商量后,有心深入班级,实地观察和了解这个让诸多老师感到头疼的学生。

下午,伴随着梧桐树上知了的阵阵鸣叫,预备铃声响起了,大家来到初二班级,悄无声息地在教室后排坐下,开始了对小鞠的观察。

这是一堂讲述运动和力的关系的物理课,瘦瘦的Z老师边讲述原理边一个一个举出讲台上的教学器材或学具作为例证,课堂显得生动而活跃。一会儿,Z老师停下课,让大家下楼去集合,到了楼下,他拿出秒表,让同学们围着操场跑了一圈——原来,Z老师要让这些对速度缺少直观认识的孩子们亲身体验一下速度的概念。

当同学们从夏日午后的骄阳下回到教室时,已经是大汗淋漓。Z老师让大家擦了擦汗水,继续讲课,他在黑板上将大家跑步的速度列成图表,同学们咿咿呀呀地叫开了,虽然听不清说的什么,但大家的眼神都射向小鞠,明显,是在夸耀或嫉妒小鞠的速度排在第一位。

后面的课,小鞠进入了全神贯注的状态,而且,对于Z老师提出的问题,他都能声音响亮地回答——虽然吐字不清,但是问题多数答对了。

经过观察,领导们七嘴八舌议论开了,有的说小鞠的运动天赋非常好,有的说小鞠的思维非常敏捷,对事物的感知能力也相当强,还有的提出了较为尖锐的问题:难道小鞠这样的学生只是个案?其他班级是否也有类似的学生呢?

接着,德育处会同教务处,对全校学生的学习情况进行了一次摸底调查。结果很快出来了,像小鞠这样精力旺盛而觉得课程过于简单和轻松的学生几乎各班都有。

不久,学校行政办公会达成了共识——"以文化建设打造校园,以校园文化塑造学生"。行动方案也很快制订了出来:充分发挥校园文化生活的诱导作用,帮助爱逃课的"小鞠们"把旺盛的精力转化为学习的动力,使他们潜藏的文化细胞得到培育,进而成为具有较高素养的孩子。

一时间,全校上下群策群力,集思广益,开始了文化校园建设。

体育是广大学生热衷的活动,体育节对学生无疑是最好的牵引器,而田径运动会又成了良好的"切入口"。体育老师在教务处指导下,把往年只安排半天的竞赛扩充到一天半,项目也由以前只有几个学生报名的大项变成每个学生都能参加的小项:低年级的30米迎面跑、10人传球,中年级的短跑、立定跳远、沙包投掷,高年级的长跑、铅球、跳远、跳高,等等,还有表现集体意志和群体力量的接力比赛。一时间,操场上人声鼎沸,不管是运动员还是观众,都融入了热火朝天的体育运动之中。

田径运动会之后,学校又按照学生不同的年龄,以级部为单位,组织趣味体育项目比赛:俯卧撑、仰卧起坐、踢毽子、跳绳、抛接球、滚球绕桩、夹玻璃珠、抛铁箍、顶书快走、钻"地道"……只要是有益于学生健康成长的内容,都成了比赛中的新花样。

在热热闹闹的竞赛中,原先爱逃课的学生一个个有了用武之地,争先恐后地报名参加,力争取得好成绩,为班级增光添彩。

送走了欢乐的体育节,又迎来了纷繁的文化节。

文化节的项目也是大家集体智慧的产物:朗诵比赛、小报设计大奖赛、黑板报设计和装饰美化比赛、手绘长卷、自编小品、多幕哑剧等等,整个校园沸沸腾腾,热热闹闹,原先一放学就钻进网吧的"小鞠们"也甘愿放弃了对游戏机的追逐,转而将心思放到了丰富多彩的校园文化之中。

几次活动下来,老师们开始议论纷纷,认为活动是丰富了,但牵涉师生的精力太多,影响了正常的教育教学。

是否可以既让学生积极参与各种兴趣活动,又不至于对教育教学产生过大冲击呢?学校又在师生中组织了"金点子"征集活动,广泛听取大家对校园文化建设的意见和建议。不久,在统一大家思想的基础上,学生文化社团如同雨后春笋一般,在校园里诞生了,而且,一出手就取得不凡成绩。

蹦蹦跳跳舞蹈队是以三年级到高二的女生为主体的舞蹈兴趣组,由律动老师指导,外聘歌舞剧院编导和演员担任顾问。经过多年努力,一支人数不多的队伍,踏着骄人的舞步,居然上过北京人民大会堂的舞台。

明星篮球队是由具有运动天赋的男孩子组成的一支队伍,经过刻苦训练,竞技水平和场上配合能力得到全面提升,还代表市残联参加了省级比赛,获得了各界好评。

乒乒乓乓小球队是一支尚属稚嫩的球队，队员来自于从五年级到高二的各个年级，在体育老师的精心指导下，经过刻苦训练，居然在全省聋生乒乓球比赛中，夺得了团体总分第二名的成绩。

"今日我采访"记者团是一支活跃在校园各处的小记者社团，大都为中年级学生，具有一定的语言能力和文字基础，他们活跃在校园的各个角落，既积极参与各类活动，又用手中的笔记录和叙写反映师生生活的文章，有的还在主流报刊上发表了。

"我爱模仿"书画社团是由学生中的书画爱好者组织起来的，在这里，爱好书画的学生不仅可以学到更多更好的绘画技巧，他们的许多作品经过装帧，还作为礼品送给了国内外来宾。

惠喑书社是在市图书馆组织的流动图书车的基础上发展起来的读书组织，吸引了一大批热爱读书和写作的学生，大家从书籍中吸取了比课堂更多的养分，纷纷拿起笔来抒写自己的心得和感受。许多学生成了读书积极分子，有的还参加了省、市读书征文活动，获得了优异成绩。

爱心志愿小分队是由学校共青团和少先队牵头、中高年级学生自愿报名参加的爱心服务团队，通过活动，引导同学们感受社会对残障人的关怀，也送去聋孩子对社会的关爱。学校对面的敬老院就是他们的一个活动点。

真真假假泥塑社团是学生自主报名参加的泥塑活动小组，由惠山泥人厂的设计师担任老师，指导大家在手工劳动中培养兴趣爱好，在兴趣培养中感受手工工艺的不平凡和锡城民间工艺的高雅精髓。

此外，学校还注意培养和选拔各类人才，有目的地组织他们参加各种活动和竞赛，而且，不时传来喜人的捷报：小敏在省游泳比赛中夺得两枚金牌；小宇的绘画作品登上了主流媒体的副刊版；小金参加全国游泳锦标赛，带回了一银一铜；小薇在全市中小学生征文赛中获得了二等奖;小奇在亚洲聋人田径赛上一人独得五枚金牌……

学生绒绣作品《采花姑娘》

看似平常的校园文化生活,不但吸引了小鞠和他的同学们,使他们的体能和智慧得到锻炼和提升,而且,为他们提高自身综合素质打下了坚实的基础。许多学生进入大学或走上工作岗位后,也成为文化活动的积极分子,对他们的漫漫人生产生了巨大的影响。

爱的奉献

"Z老师来上班啦!"寒假开学第一天,许多同学顾不上校园里弥漫的寒意,相互奔走相告。

老师上班,天经地义,但是,却在一部分学生中成为振奋人心的消息,这不奇怪吗?是的,这消息背后确实有着神奇的故事。

Z老师是律动老师,同时任教低年级的数学。自从师范院校毕业来到特校,就一直与同学们打成一片,被大家当作"大姐姐"。

Z老师大学毕业那年,正值学校事业发展起步的阶段,到校第一天就担负起了学校舞蹈队的指导工作,年轻的她身心活跃,加上学的是音乐专业,自然很快就与喜欢蹦蹦跳跳的学生交上了朋友。

那年助残日前夕,市残联要求学校提供几个拿得出手的节目,无疑,这是律动老师应该承担的任务。接受任务后,Z老师很是苦恼,在师范虽然学的是音乐专业,但那都是老师给现成的材料,自己只要认真学习、刻苦训练就行了,而如今,两手空空,什么都要自己想办法。冥思苦想了好几天,Z老师还是回到了原点——什么事情都得脚踏实地一步一步学着做呀!于是,决定创作一个舞蹈,让无法言说的孩子们用优美的舞姿诠释眼中的世界。

任何事情,嘴上说说很容易,真要亲身做起来才知道有多难。

在困难面前,她想到了大学时的老师。对,向老师求援!老师对学生总是充满热情的,当他知道刚刚走上工作岗位的 Z 老师准备自己动手编排舞蹈,很是高兴,当即给她提出了不少建议。就这样,Z 老师跨出了创作的第一步。

她从图书馆借来各种资料,就像畅游浩瀚的大海一般,认真地查阅和搜索适合聋孩子表演的素材。学生都是听觉受损的,但是,既然是舞蹈,就必须有音乐。民乐、西洋乐,和声乐、配音乐,打击乐、弦乐、交响乐……反复播放,反复试听,反复比较,最终选定了带有江南情怀的曲调。

接着是选演员。特校班额少、学生年龄跨度大、个头参差不齐,除了已经在舞蹈社团的那几个,很难再有合适的人选,但是,既然要完成上级下达的任务,就必须有演员啊,那就矮个儿里头拔将军吧!

Z 老师从高中年级一路往下走,连三年级的学生都找来了,才算马马虎虎搭起了舞蹈班子。

演员有了,可新的问题又随之而来:这些新加入的小演员,很多都从未学过舞蹈,连形体训练的基本动作都不懂。Z 老师只得从最基础的做起,请学校添置了形体训练设备和器具,一个动作一个动作地教学生练习起来。

为了方便学生学习与训练,Z 老师又开始学起了简笔画,把舞蹈基本功的动作分解开,画在白纸上,复印后让学生带回家。这样,除了在学校体操房训练,学生在家也可以依着葫芦画瓢地对着镜子练习。

功夫不负有心人。舞蹈队员们看到 Z 老师为她们没日没夜地奔忙,一个个也学得非常认真:弯腰、压腿、展臂、劈叉……大家从最基本的练起,逐渐像模像样地进入了佳境。

随着时间的推移和队员们基本功的到位,Z 老师又开始了舞台造型的设计。当小队员们拿着画满小蝌蚪似的小人儿的图纸时,谁会想到,为了设计这套动作,每天吃过晚饭,Z 老师就伏案灯下,常常是半夜才放下手中的笔。此时的她,早已累得腰酸背痛,身子都站不直,又有谁能理解,在 Z 老师背后,家人给予的无私援助和支持。

学生动漫习作《萌动》

终于,在大家的共同努力下,Z 老师指导的第一个舞蹈在参加全省调演比赛中获了奖。看着手捧奖杯、脸上还流淌着汗水、欣喜若狂的同学们,Z 老师心醉了。同时,她也清楚地知道,最为艰难的"创业"阶段已经过去,接下来是如何使舞蹈队发挥更好的作用。

第一次参加全省调演比赛就获了奖,市残联领导也为 Z 老师和同学们的精神所感动,专门调拨资金,加强学校舞蹈队建设,还专门请来市歌舞剧院的专业老师协助指导。

时光飞逝,舞蹈队队员换了一茬又一茬,美妙的舞姿伴随着她们健康成长。2008年残奥会前夕,从省残联传来消息,为了筹备残奥会开(闭)幕式,中国残联向全国各地特校征调律动(音乐)老师和部分学生,Z老师和她的学生一起被选中了。

得知这个消息,不但Z老师高兴,周围的师生都为她们骄傲。要知道,参加残奥会这样的盛会,可是千载难逢的机会!

集训在北京奥体中心进行。Z老师带着她的学生到北京后,没有心思去观赏北京的盛景,立即投入了紧张的训练。

按照组委会要求,先是分解动作练习。时值盛夏,每天一遍又一遍地重复动作,身上的衣服被汗水浸湿、焐干,又浸湿、又焐干,舞蹈鞋也是换了一双又一双,Z老师从未叫过一声苦。她带着她的学生,同全体集训人员一样,早出晚归,终日忙碌在训练场上,她知道,累累硕果是辛勤的园丁用血汗浇灌出来的,没有艰苦的付出就不可能取得成功。她不但以此激励自己,而且,也用它教育和鼓励学生。在她的影响下,她所负责的小组,如期完成了训练任务。看着大家的舞蹈动作逐渐整齐划一,舞台气场逐渐显现,成功的喜悦驱散了训练的乏味,心头的甜蜜填补了思乡的苦涩。

两个月的集训眨眼就过去了,那晚,当聋孩子组成的翩翩队形展现在残奥会中心会场时,全场爆发出了雷鸣般的掌声——这掌声,聋孩子听不到,可是,Z老师和她的教师团队都听到了,这是全球残障人运动员给予她们的最好的褒奖!

征程艰辛万里难,一日归家心豪放。当Z老师带着她的学生参加完残奥会,回到学校时,她没有骄傲,也没有忘情,而是很快回归到了日常教学,开始跟随着悠扬的上课铃声,给同学们讲述成长故事,夜晚回到家,又埋头新的舞蹈动作设计。

就在 Z 老师想静下心来，好好喘口气的时候，市残联又传来消息，全国残障人艺术汇演就要进行。为了组队参赛，Z 老师又投入了新的忙碌之中。

经过一个月的紧张排练，舞蹈队出发了，先是参加在省城举行的初赛，取得资格才能参加全国赛事。比赛结果不出所料，Z 老师所带团队荣获省特等奖。于是，她们又风尘仆仆赶往北京。比赛结果出来，她们又一次登上了领奖台。

此后，获奖与舞蹈队好像挂上了钩，南京、福州、北京……所到之处，无不载誉而归。

声名鹊起的舞蹈队回到学校后，各区残联纷纷前来邀请，Z 老师似乎从不知疲倦，每次都像第一次登台那样认真排练，即使身怀六甲，她也没给自己打上休止符，直到临产前的最后一天，她还在陪着同学们训练。在她的影响下，舞蹈队的小队员们也培养起了勤奋、努力、一丝不苟的精神。

如今，Z 老师又在准备下一个舞蹈，将带领同学们高唱着《爱的奉献》，踏上新的征程……

为了每一个孩子

初夏的清晨,阳光透过密密的树缝,洒落在操场上,小喜鹊欢快地在树丛间展开嘹亮的歌喉喳喳地唱着,几只灰鹁鸪在操场一角的草地里随意地跳跃,寻找着中意的食物。早起的学生已经按照老师的要求,排着整齐的队伍,开始慢跑早锻炼。操场边站着一位中年女教师,不时招呼着掉队的学生,提醒他们不要与队伍相距太远。

这位身材中等的女教师,同学们都亲热地叫她N老师,今天她值班。其实,即使不值班,每天她也总是第一个到学校。

N老师在特校工作已有二十多年了,早年从事聋儿康复训练,后来,被安排在小学低年级教语文,还兼任过多项行政管理工作。因此,不管是低年级学生还是高年级学生都认识她,连许多家长都跟她熟悉,知道她是一个非常认真负责的老师。

这不,七点刚过,N老师已经出现在教室里。同学们也都习惯了老师的作息时间,早早到校,坐在教室里,手捧书本,齐刷刷地跟着老师读起书来。虽然大家音量有高有低,音色不尽完美,但是,在特校能够听到聋孩子发出这样的读书声,没有一个人不感到欣慰的。家长们说,孩子能开口说话,得益于学校为每个孩子配置的FM语训系统,更得感谢N老师坚持不懈地利用课内课外时间对孩子的指导和训练。而每天的早读就是N老师实施语训康复计划的一部分。

上课铃声响起,N老师疾步站到黑板前,熟练地打开电子白板系统,通过投影仪,在大屏幕上展示出PPT课件——已经熟悉了N老师教学风格的同学们知道,语文课开始了。

N老师拿起桌上的激光电子笔,对准屏幕上的文字和拼音,先自己朗读了一遍,接着,给大家讲述几个生字的构音方式和注意点,然后才让同学们跟着自己一遍一遍地朗读。这个小小的细节不大被人注意,但教过聋孩子的老师都知道,这一步设计非常巧妙,事先把朗读中可能遇到的难点告诉孩子们,就能避免他们读错后的"第一印象"难以纠正。哦,难怪N老师的教学效率这么高,原来,她是在细枝末节上下功夫呀!

低年级聋生学习和书写汉字是很枯燥的,然而,书写对于他们又是那么的重要。为了让学生多快好省地学好汉语,同时也写得一手漂亮的汉字,N老师在运用"汉字工具箱",将汉字学习化枯燥乏味为生动活泼的基础上,借助形声字构造知识,别出心裁地创造了"一字多组""一字多写"的教学方法,引导学生在学习某个汉字后,及时与之前学过的汉字组成词语,通过朗读和抄写,让学生既加深对新学汉字的理解,又避免了由于重复抄写而产生厌倦和困惑。学生在简单抄写后就很快掌握了书写要领,真是省时又高效。

字词积累的最终目的是组词串句,表情达意。除了多朗读让学生增强语感,提高对句子的理解之外,N老师在每次教学新内容后,都会帮助学生把所学习的字、词用"童谣"的形式编成短语和句子,让同学们在课后传唱。而每次教学新课前,她又会花几分钟时间,抽查大家所唱的"童谣",以了解他们对字词的掌握程度,及时调整自己的教学方案,使教学任务跟着学生走。因此,不明真相的人来到 N 老师任教的班级总会发现,这个班级的学生有事没事都在咿咿呀呀地唱着什么歌曲。而这一招,也着实让学生受益匪浅,不光掌握了字词,还锻炼了开口能力,真是别具匠心,一举多得啊!

其实,N 老师何止在课上花这么多心思和时间,在课外,她同样花费了很多的时间和精力。

每天放学后,只要你稍留心,便会发现,总有几个活泼可爱的学生聚拢在 N 老师办公桌前,或伏案书写,或静心听 N 老师在书本上指指点点地讲着什么。你看他们的眼神,那么专注,那么认真,又那么虔诚,完全没有了课后在廊道里玩耍时的调皮样,他们早已把相互追逐嬉戏的劲头藏了起来。是啊,此时的他们可是被老师请来"开小灶"的。

特殊教育强调一个学生就是一个案例,要求教师更多地开展个别化教育,N 老师就是这一理论的忠实实践者。她这样的举止也曾遭受旁人的误解,认为她在利用时间差搞"家教"。的确,多少次,家长们为了感谢 N 老师对孩子的分外关心,都会给她送这送那,然而,N 老师坚守一点:我是一名特殊教育工作者,让每一个孩子尽快成长是我的分内事,看到全体学生共同进步才是我的最大快乐。因此,热心的家长总被她一一拒之门外。也正因为如此,她所教的学生没有一个不认真学习语文,没有一个不愿意开口说话,也没有一个因为上课调皮而在考试时挂着"红灯笼"回家的。

为了给学生创造适合的学习环境,将来更好地融入主流社会,虽然自己已是富有经验的中年教师,但 N 老师仍然给自己提出很高的要求。她经常与普通学校老师一起研究和讨论教学中的问题,把普通学校好的教学方法嫁接到自己的教学实践中。她还主动给自己施加压力,积极报名参加青年教师技能赛。在自我内力的驱动下,她获得了2012全省特校教师课堂展示活动一等奖——要知道,这一奖项全省才两个!

　　悠扬的铃声响起,下班时间到了。夕阳西下,东南风微微地吹着,操场上,婆婆娑娑的香樟树叶随着微风有节奏地轻轻晃动,似乎正向离校回家的师生挥手道别。远处,一个身影矫健地向校园深处走去,转过弯,进了学生宿舍。哦,对了,今天是N老师值夜班,她得先去宿舍检查一下,为晚自修做好准备……

学生十字绣作品《修竹赞》

她，真唠叨

期末考试明天就要开始了，Y老师还在黑板前唠唠叨叨地指导大家在语文考试中应该注意的问题。坐在班级后排的小非却早已神不守舍地不时调转脑袋注视着窗外的天空，那里正发生着急剧的变化。

骄阳刚才还好好地挂在天空中央，把花园里的小草们晒得一个个都像没睡醒的更夫，耷拉着萎靡的脑袋，躲在树荫深处的小鸟停息了叽叽喳喳的叫唤，痛痛快快乘凉去了。只有成天不知疲倦的知了们躲在柳树枝叶间，一阵高一阵低地争鸣。一转眼，天上已经阴云密布，雷声隆隆，好像暴风雨就要来了。小非又转过头来，注视了一下还在讲述着考试书写规范的Y老师，唉，她怎么这么爱唠叨呢！

Y老师"爱唠叨"是她教过的学生对她的一致评价，而这评价又绝非贬义。用Y老师自己的话说，是要对学生负责，帮助他们在离开老师、离开学校时，都成为有方法、会学习的人。

看，她正站在黑板前，手拿激光电子笔，指着电子白板上的一段文字，抑扬顿挫地讲述着。那双藏在枣红色镜框后的大眼睛，不停地扫射着面前的十多位学生，注视着他们脸部的细微反应，然后，调整自己讲话的频度和音量，胸前的调频转换器和脑后的马尾小辫,随着她略带夸张的动作,轻轻晃动。坐在下面的学生除了小非之外,都全神贯注地盯着她——大家知道,Y老师这是为大家在考试中取得好成绩而做最后的辅导。

Y老师和学校的许多老师一样,是从外地调来的。初到锡城,语言、饮食、生活、工作,什么都不习惯,而且,孩子还幼小,正是需要妈妈陪伴的时候。但是,面对众多好像张着嘴巴等待妈妈哺育的小鸟一般的聋孩子,她想方设法克服困难,毅然把孩子交给婆婆,认真地向同事们学手语、练书法、学习特殊教育专业知识。有道是,只要功夫深,铁杵磨成针。不到一年时间,Y老师就成了既懂专业知识,又能操作电脑,还会教语文的行家里手。

Y老师常把教学比作下棋,她说,搞特殊教育,每个学生都是一盘棋,需要制订一个专门的战术。为此,她发明了适合自己语文教学的"盯人战术"。只要有空,她就会坐到教室里,与学生一起看书、写字、做作业。在作业批改中发现问题,也是立马找学生交谈,当场改正,从不让问题过夜。对于那些学习粗心、作业一错再错的学生,她也从不发火,而是耐下心来,一遍又一遍地给他们讲解。面对周围人的不理解,她解释说,我们不就是要为学生答疑解惑吗?如果我们的学生一听就懂、一学就会,还要我们老师干什么呢!

Y老师教过小学,也教过中学。在担任初中班主任时,她一心想着如何把学生培养成自强又自立的人,不管多么调皮的学生,她都一视同仁。

学生小章成长在破碎的家庭里,由于缺少家庭温暖,行为习惯很差,常常逃避学习,流连于网吧,有时还把父亲的香烟带到学校,拉着小同学躲在不引人注意的地方抽上几口。Y老师接手小章后,偏不信教育不好他。开学前夕,她就到小章家里家访,了解他的生活环境,与同是聋人的小章父亲交换意见,达成教育共识。开学后,又专门为小章创造做好事、受表扬的机会,在班级里给他树立信心,还让他担任了生活班委。慢慢地,小章就在 Y 老师引导下,一步一步走上了正道,把班级当成家一样,处处想方设法为班级集体增光添彩。一次运动会上,以前从不主动报名参加运动会的他经过努力,一举获得三个项目的冠军。

任教小学期间,Y 老师也是"唠叨"和认真出了名的。

那年,她班上来了两位多重残障的学生,既无法感受声音,又存在智力缺陷。几位老师看了都摇头,Y 老师却迎难而上,主动接近他们,与他们交朋友,给他们讲故事,跟他们聊天。有时,学生把大小便拉在了裤子里,她都不嫌脏不嫌累地像照料自己孩子一样,为他们换下,清洗干净。当家长放学来接孩子时,孩子又像早晨来校时那样干干净净了。

Y 老师的"唠叨"不仅表现在教育学生上,在与其他老师打交道时,同样让人觉得"唠唠叨叨"的。

Y 老师是小学部语文学科组长,在组织教研活动时,她总会先给大家介绍最近自己接触到的新知识、新理念、新方法,让大家围绕中心漫谈,然后,根据学校中心工作,结合中低年级语文教学特点,引导大家思考语文教学与语言康复的关系,并给大家布置许多教研任务。有时她又会联系学生学习语文的特点,组织低年级学生开展讲故事竞赛、写字比赛、读书演讲等活动,通过活动,检阅老师教学情况,培养学生学习语文的兴趣。时间一长,大家从她的"唠叨"里收获了成果,知道她这"唠叨"不是坏事,对师生成长进步十分有益。

Y 老师教学是一把好手,作为单位一员的她,全局观念也很强。她说,我既是学校的教师,就应该服从学校的需要和安排。

那年秋天,宿舍管理员退休了,学校一时找不到适合的人选,准备选一位认真负责的老师临时替代。当领导找到她时,她二话没说,把手头的任务交给其他老师,第二天就走马上任当起了宿舍管理员。

在她担任宿舍管理员的日子里,无论是宿舍内务还是学生行为习惯,爱"唠叨"的她都像抓班级一样认真,一个学期下来,大小事情无数,却都被她处理得井井有条。当她重新回到教学一线时,许多高年级的寄宿生还时常来看她,只要她有空,也经常跟那些学生聊聊天、谈谈心,给他们以思想上的指点和帮助。

一转眼,Y老师来到这个学校已十多年,她那爱"唠叨"的特征早已成为校园里一段美丽的佳话,大家知道,在"唠叨"的背后,是她那颗永远热情澎湃的心。

高中部的年轻人

连续几天的东风换来的西北寒流扫荡着江南大地,昨天还欢天喜地在校园里蹦蹦跳跳的鸟儿们钻在低矮的草窝子里,不敢发出一丁点声响。几只偷食的小猫躲在垃圾箱背风处,机警地注视着随风舞动的草枝落叶。寒假即将开始,学生们都已经考完试回家了,但教学楼四楼的一间教室里还聚集着十几位青年教师,他们正热火朝天地争论着。从廊道经过的老师,透过玻璃窗向里面张望,抿嘴一笑,原来教室里高中部老师正在开展"头脑风暴"呢!

说起学校的高中部,可是响当当的"少壮派"团队,全组成员大都是70后、80后。而且,这是一个充满热血,胸怀大志,学有专长的专业团队,多年来,学校高中毕业生高考升学情况一直比较好,实在是有赖于这帮年轻人。

N老师是位年轻女教师,带过一个男生特别多的班级,班上有好几个调皮王,小武就是班上名副其实的"武圣"。记得那年初秋的一天夜晚,小武因为调皮捣蛋,值班老师让同学带信找他。为了逃避值班老师的查询,他躲起了猫猫,结果,黑咕隆咚,一头撞在空调架上,头破血出。得到值班老师通报,N老师立马赶到学校,把小武送去医院,当家长知悉事情的前因后果及送医治疗的情况后,感动得连声道谢。N老师只是微微笑了笑,轻轻道:"既然你们信任我,把孩子交给我,我就应该对他负责。"之后,N老师又让小武担任自己的数学课代表,把他紧紧地"抓"在身边,与家长配合着,硬是逼着小武改掉了不良习惯,还以高考第一名的成绩进入了省城的大学。

要说责任心,高中部的每一个成员都堪称顶呱呱。

任教信息技术的H老师,平时默默无闻,但却是个热心肠的人。那年,她担任高三班主任,既要教好自己的专业,又要配合任课老师抓好复习。她很好地总结了其他老师抓毕业班的经验和教训,吸取其他学科的成功做法,大胆提出了"重点突进,各个击破"的复习原则。有的院校高考单招要考物理,虽然只有一个学生报名,但却事关是否满足每一个学生成长需求的大方向,H老师考虑到自己在大学时学过物理,就主动向领导请缨。承诺是容易的,真要付诸实施却会困难重重,高三物理补习也是如此。首先是课时没保证,其次是学生基础有断层,再次,一个人的补习,缺少必要的学习氛围。但是,这些在H老师坚定的信念和坚强的毅力面前,都成了纸老虎。当那位学生经过努力,拿着大学录取通知书向老师报喜时,H老师瘦弱的脸庞上露出了欣慰的笑颜。

许多老师时常开玩笑说,高中部是"干部的摇篮"。虽为笑谈,但高中部也的确给学校管理层输送过多名中层干部,他们不仅思维敏捷,工作主动积极,而且把高中部那种团结合作、勇于开拓的精神带进了学校管理领域。S老师就是其中一员。

S老师年纪不大,个子不高,才思敏捷,长期从事高三毕业班教学,担任过学科组长,也带过几批青年教师。在学校公开竞聘中层干部时,他进入候补队伍,之后,在教务、后勤等岗位担任过管理工作。由于对工作兢兢业业,不管到哪个岗位,领导和部下都对他信任有加,信服不已。为了提高S老师的管理水平和能力,领导曾安排他到普通学校挂职锻炼,挂职期间,他边熟悉工作,边如同在自己学校一样埋头工作,得到了挂职学校领导和师生的一致好评。

熟悉高中部的老师都说,高中部的年轻人都有一股子蛮劲,这并非说他们只有蛮力而无智慧,而是在称颂他们每个人都有自己的故事。

学生作品《放飞理想》

小兵是外校转来的脑瘫学生,虽然学习很认真,但却在充满数字和符号的数学世界里一筹莫展。任教数学的Q老师帮助他冷静分析学习困难的原因,每天还抽时间为他补习之前的数学知识,为他精心选择练习题,进行强化训练。小兵肢体协调性差,作业速度慢,书写也不好,Q老师总是不厌其烦地给他面批每一道题,直到他真正搞清弄懂为止。渐渐地,小兵能跟上教学进度了,Q老师为他高兴的同时却并未放松对他的个别辅导。最终,小兵以良好成绩完成了高中所有课程的学习。

被人称为"女汉子"的 L 老师平时咋咋呼呼，做起事来，却细致入微。那年，全校教师元旦联欢，高中部排练了一出多幕舞台剧，几个青年教师你扮神话中的王母娘娘，我演当代无冕之王，讥讽调笑，恣意痛快，喜怒哀乐，生动传神，把迎新活动搞得笑声此起彼伏，个个翘指夸好，最终被评为特等奖。人们追问幕后设计者是谁，结果，不出所料，编剧兼导演都是 L 老师。

高中部老师的故事实在多：C 老师钻研不息搞科研、W 老师临危受命带高三、Z 老师小施伎俩治顽劣、J 老师教改实验当尖兵、T 老师废寝忘食搞设计、S 老师年少老成当行家、B 老师劳技课上显神功、Y 老师奋战病魔上讲台……一桩桩，一件件，三天三夜说不完。但是，假如要用一句朴实的话语概括他们，那倒很简单：满腔热忱、追求时尚、乐学好问、充满青春活力和爱心！

如果有朝一日你想来走访这帮年轻人，我倒是愿意做个免费导游，向你详细介绍他们各自的特点和专长，也乐意为你牵线搭桥，让你们成为好朋友。当然，我还会悄悄告诉你一个深埋在我心中的秘密：等我将来空闲了，想编写一部反映高中部年轻教师的数来宝，好好地传唱传唱，让他们那种奉献特教事业的精神得到传承，并发扬光大。

周到的伙头军

炎炎夏日，接连半个月的炙热太阳，把大地烤得焦黄，丰沛的溪河水水位接连掉落了两尺多，河底的水草影影绰绰地浮现在水面上，路边的香樟树一改往日那婆娑挺拔的风姿，片片叶子都萎靡地低垂着，花圃里的小草蔫了一般，青一蓬黄一蓬地散落在各处。清晨还活蹦乱跳的小鸟们到了晌午，就不知躲藏到哪个阴凉处歇脚喘气去了，树丛间的知了也干渴得忘了鸣叫。学校练功房外空调机单调的哗哗声却打破了校园的沉寂，透过窗户隐隐传来的音乐伴着模模糊糊的孩子们舞动的身影，仿佛在告诉人们，这个暑假校园并不寂寞。

为了参加全国残障人艺术汇演，一放暑假，学校舞蹈队就开始了紧张的集训。俗话说，兵马未动，粮草先行。这不，为了使小队员们有个良好的饮食起居环境，几位被大家戏称作"伙头军"的厨房师傅又忙碌开了。闷热的环境让他们挥汗如雨，锅碗瓢勺随着他们的忙碌，不时弹奏出美妙的叮当乐调，边上的油烟吸排机犹如乐队的大提琴手，正起劲地打着节拍。

提起这帮年岁不小的"伙头军"，师生们都会不无敬佩地给你讲述他们的故事。

中等个子的事务长老S,是个随和而平易的人,眉宇间总是挂着淡淡的笑意,让你见到他就会由衷地产生亲近感;厨师班长老H,大圆脸,微黑的肤色,鼻梁上那副眼镜后面露出的深邃眼神,叫你一看就知道,这是个精打细算会过日子的男人;个子高挑的老W,说话做事都慢条斯理,给人稳重而妥帖之感;而白面秀才老Z,谈吐不俗,让人感觉他熟读诗书,经纶满腹;那个在一边默默忙碌的大眼睛T阿姨,虽是临时工,却像个家庭主妇,悄无声息地事事抢着做。

这是一个团结而活跃的团队,虽然他们有自己的作息时间和工作节奏,不大参与师生的日常活动,却常常被大家挂在嘴边称道。

每学期开学第一天,吃饭总是头等大事。"伙头军"们总是提前一天上班,有条不紊地把厨房里里外外打扫干净,把陈放多日的瓢盆碗勺洗刷消毒,然后,放上满满一锅水,开足火炉,让锅子在蒸腾的热水中消除污垢,化去油腻,又采购好开伙的必备用品和食材。第二天,当大家手捧香喷喷的菜肴,品味着新学期第一餐美食时,谁又会想到,"伙头军"们为此付出了多少心血和汗水!

记得那年冬天,西伯利亚寒流早早地笼住了江南上空,而且,久久不愿离去,让锡城经历了史上最寒冷的冬季。外面滴水成冰,人们关着门,坐在空调机下,都懒得伸出手来做事,伙房里的一台吸排机却出了故障,修理单位又不能及时前来维修,整个伙房就像罩在云里雾里一样,四处白茫茫一片。但是,师生没有停课,后勤就必须保障大家的饮食。"伙头军"们当时怎么想的,谁也不知道,但是,当他们把午餐端上师生们的餐桌时,大家手捧热气腾腾的饭菜,望着他们脸上身上全都湿漉漉的,一抹一大把水珠,内心深处就升腾起了对他们忘我精神的敬意。

"伙头军"们就是这样,认真质朴地身居后勤,心想一线,为师生提供着满意的服务,而在相互关系上也处处互相帮助,亲如一家人。

有一年,老 H 的家人因病住院,急需人手照料。事务长老 S 动情地跟大家商量:谁都会有困难,谁家都难免求人帮忙。于是,大家一合计,调整了各自的岗位和作息时间,硬是在不增加人员的基础上,把老 H 的工作顶了下来。

近几年,学校鼓励教职员工进修学习,提升自身素质。原本已经具备一级厨师技艺的"伙头军"们也不甘落人之后,一个个踊跃报名参加培训学习,并积极考级,力争跻身技师行列。

那年新学期刚开学,老 Z 就拿着一张申请报告四处找校长。原来,他听说省人社厅将要组织事业单位后勤人员专业培训,为期一周,他上网查询证实后,就写了份报告请求学校支持。获知老 Z 将去外地参加培训,其他"伙头军"们不无赞赏,身为炊事班长的老 H 拍着他的肩膀,竖着大拇指说道:"这里由兄弟们扛着,放心去吧!"老 W 则呵呵笑道:"今天你去,明天我去,大家共同进步。"连 T 阿姨也不无动情地说:"现在你们有机会一个个出去学习,将来会更加有出息的。"老 Z 不负众望,学习结束,不仅带回了考试合格证书,还捧回了一张红彤彤的优秀学员证。

多年来,"热情,周到,不管千难万难,只要师生需要,我们都要做到"成了"伙头军"们的无声诺言,践行于每个人自觉的行动之中。正因为如此,他们多次被评为先进班组,老 S 也被大家民主选举为学校工会副主席。

这年暑假,全省首届聋生乒乓球比赛落地锡城,为了承办好这次大赛,学校统筹规划,精心安排,当然,除了赛程,吃喝拉撒也是十分重要的。"伙头军"们接到任务,二话没说,内部做了分工,从餐具调整和添加,到一日三餐花式品种的设计,从营养丰富的食材选择,到价廉物美的供货洽谈,他们无处不细致周到。整个比赛期间,体育馆内,紧张激烈,群情振奋,欢声雷动,与之相呼应的伙房里面,云蒸雾绕，锅勺有情，叮当作响。为了让运动员们在剧烈运动后及时补充水分，"伙头军"们又在三餐之余熬制酸梅汤、大麦茶，送到每个运动员手中。看着"伙头军"们流淌在脸上的汗水和湿透了的工作服，各市领队和教练不无感激，可他们却抹抹额头的汗水，笑着说，只要你们感觉饭菜可口，只要小运动员们吃得欢畅，再苦再累我们也应该。

这是一个战斗的集体，更是一个团结的集体。

有几天，一向默默无闻、埋头做事的T阿姨在工作之余总是愁容满面，唉声叹气，明亮清澈的眸子里也暗藏了几份不安和疲倦。细心的老W经过耐心探问知道了真情。原来，T阿姨的独生儿子也是个聋人，工作中不小心受伤，正在医院救治，这给T阿姨原本就不宽裕的家庭，又增加了无尽的压力。了解情况后，几个"伙头军"一合计，凑了些钱给T阿姨解燃眉之急，但杯水车薪根本不够支付高昂的医疗费用。老S又把情况汇报给了学校领导，在全校开展爱心募捐活动。当满含师生情义的捐款送到医院时，T阿姨和她孩子都激动万分，表示一定更好地工作，用实际行动报答师生的关爱。

如今，在"伙头军"们的共同努力下，学校食堂成了全市教育系统唯一的四星级餐厅，受到各级领导的表扬。可他们并不以此为满足，他们说，我们的目标不是评星级，而是认真为教育一线服务，让每一个师生满意！

这个老师会"念经"

W老师是个大忙人,每天总有忙不完的事情,不是为学前康复班小朋友进行语训康复,就是考虑如何安排低年级活动,有时还要针对个别家长家庭教育或康复训练中的问题,提供咨询服务。好在她做事条理清晰,指挥调度有方,否则,真要变成无头苍蝇,忙乱不堪了。因此,周围的老师都说W老师会"念经",什么难事只要到她手里,都会变得很顺利、很流畅。

记得那年春天,学校组织学生春游,要各级部先考虑和设计活动方案,作为低年级部主任的W老师在听取了大家的意见后,设计制订了去梅园踏青的方案。

梅园离城区不远,是著名民族工商业家荣德生投资兴建的私家花园,后来捐献给了国家。那里面除了上百亩的梅花之外,还栽种着各种类别、各种形态的花卉,每年春天,人们都会成群结队地前往踏青赏花。

为了让小朋友在踏青过程中全面了解梅园的历史,加深对家乡的热爱,W老师在活动前做了精心准备。她上网下载有关梅园的历史资料,又收集了许多花卉图片和文字资料,印发给低年级的老师们,让她们采用讲故事的方式,向小朋友一一介绍。这样,小朋友还没到梅园,就已经对梅园有了基本了解。出发前，W老师又召集各班班主任，制订了外出活动的规范要求，以确保行程和活动的安全。考虑到康复部小朋友年龄小，理解能力差，她还邀请家长一起参加活动，并把相关资料发给家长，让他们配合老师给小朋友讲述有关梅园和花卉的故事。

活动结束后，W老师又让老师们把拍摄的照片编辑起来，挂在教室里，引导小朋友回味，还发到校园网，与全校师生共享。这样，踏青活动虽然时间不长，小朋友们却学到了许许多多的知识。

W老师是康复老师，从事聋儿康复已经有二十多年，整天与聋孩子在一起，却仍然感觉像师范刚毕业时那样满怀热情与爱心。

那年，一位叫小可的外地孩子在她的调教下，不到半年时间，就能张嘴咿咿呀呀说话了，父母欢天喜地，筹措资金在锡城买了新房，但装修时没注意，留下污染源，幼小的小可得了白血病。孩子住院期间，W老师在工作之余，常常到医院看望他，指导他在病床上学习说话。她的精神感动了孩子父母，也感动了周围的医生护士。但由于病情恶化，现代医疗技术也未能挽留住小可的生命。噩耗传来，W老师又第一时间在低年级老师和家长中组织爱心捐款活动。她说，我们都有孩子，也都知道孩子对一个家庭的重要，我们没法留住小可，就让我们的爱心为他做最后一次送行吧！在她的带动下，全校师生都加入到了爱心捐助活动中，学校还建立起了"爱心基金"，向社会各界募集资金，专门为有特殊需要的师生和社会人士提供资助。

低年级的管理工作是琐碎而繁杂的，既要管理学前的康复，又要关注1—3年级的教育教学。学生年龄跨度大、老师教育康复手段不相同，要形成统一的级部意识和教育目标，难度非常大。但是，W老师却不以为然。她说，"纵向长，横向短"是特殊教育的特点，既然是特点，我们就要想方设法利用它，形成我们的教育特色。于是，她又用那套"念经"方法，细致地开展起工作来。

别看 W 老师个子矮小,遇到问题和困难时,她可是个有主见的人,只要絮絮叨叨一"念经",主意就出来啦。

每次拿到学校工作意见,W 老师都会悄无声息地念叨一阵,当"小九九"在肚子里默默成熟后,再提出来,与级部内其他老师商议,制订出适合低年级教育特点的计划,然后分解为各阶段的目标要求,一步一步实施。

对于学前康复,她坚持与办公室同事同商量、共决策,而在每一个教育环节,她又坚持以学生为前提,想方设法设计和制订适合不同聋儿需求的语训方案,从口型变化、吐气练习、饶舌训练、声音辨别,到浊辅音的学习和分辨,都有循序渐进的实施要求,以使每一个聋儿都能接受到最佳的语训康复。

对于小学低段的教育,W 老师与老师们一起剖析各年级学生的生理心理特点,分析聋教材与义务教育教材之间的差别,努力挖掘两者的相同处,弥补聋教材的不足。她还根据低年级学生好奇心强、活泼好动的特点,精心设计各类活动,尽力使每一次活动都能在活跃的气氛中给学生以体力的锻炼、智慧的启迪、兴趣的培养,一举多得地实现提高生活能力、提升综合素质的目标。

W 老师是个充满智慧的老师,这从她那双炯炯有神的眼睛里就能觉察到。

那年,W 老师女儿高三毕业,行将参加高考,这对于他们一家来说,无疑是最大的事情。然而,高考前夕,学校工作也是最为繁忙的时期,如何才能既不影响工作,又照顾好紧张备考的孩子,W 老师开了个小小的家庭座谈会。俗话说,三个臭皮匠,抵个诸葛亮。经过认真磋商,最终确定,同心协力,分工合作,全天候应对高考。女儿能够处理的问题,放手由女儿自己处理,如果遇到困难,白天由先生负责,夜晚则由 W 老师负责。一天晚上,女儿学校召开家长会,按照商量好的办法,应该由 W 老师参加,可是,不巧的是那晚正好轮到 W 老师在学校值班,照理,她完全可以向领导请假或安排其他老师值班,但是,喜欢挑战自我的 W 老师并没有开口向领导请假,也没有请人代班,而是与身边同事商量,将自己的值班日期调到高考结束以后。这样,既照顾了女儿和家庭,也没有因为女儿的高考而影响正常的学校工作。最终,她女儿也不负 W 老师夫妇的信任,依靠自己的能力,考上了理想的大学。

嗨,快看,W 老师又开始絮絮叨叨"念经"了,看来,明天又会有什么好主意从她那聪明的脑袋里蹦出来。

她们都是军嫂

你说巧不巧,校园刚刚从静悄悄的晨曦中醒来,鸟语花香飘逸在各处,C老师和S老师已经不约而同地来到学校。今天她们都有早读,一早安排好家务,送走上学的孩子,就趁着初夏清晨的一点凉意,早早上班来了。

说是巧,还真巧,不提别的,就她俩的共同点就有许多。她们年龄差不多,身材都矮矮的,相貌俏丽中带着雅致,都任教语文,而最重要的一点还在于她们都是军嫂。如果她俩站在你面前让你分辨,唯一的差别就是S老师的普通话中隐约带有一点北方口音。

S老师是北方人,随着先生辗转各地,最后落脚锡城。别看她平常笑眯眯、挺温和的,谁真要是惹翻了她,北方人爽直的性格可让你有得受用!

S老师自从2008年来到锡城,就一直担任中级部的班主任。这个年龄段的孩子逆反心理强,情绪波动大,学习成绩也忽上忽下。S老师毫无惧色,总是迎难而上,让学生一个个安度了"危险期"。

那年,S老师接手实验班,这个班级从一年级起就一直使用义务教育教材,学生无论是文化知识水平,还是口语会话能力,都比其他学生强。初接班,S老师就发现,学生中弥漫着一股骄傲自满情绪。她就利用班会时间组织专题教育活动，引导大家理解自信与骄傲的关系，摒弃自满情绪，又安排时间跟学生们一个一个聊天、谈心，给他们分析本地经济社会迅猛发展的形势，介绍近年来特殊教育在党和政府关心下的新变化，同时告诉他们，全纳教育需要聋生学习更多新知识、新思想、新观念，自主融入主流社会。在她耐心细致的思想工作后，学生的学习情绪得到了改善，主动参与各种活动的意识也增强了。班风、学风一转变，大家对集体也更关心了，艺术节、运动会、读书节……学校组织的每一项活动，学生们都积极投入，而且频频获奖。到第二学年，这个班级就被推荐为市优秀集体了。

S老师对学生亲如自家孩子，而对自己女儿有时却"不甚关心"。

那年，S老师带毕业班，可巧的是自己女儿也适逢初三毕业。开始时，S老师还两头兼顾，但随着考试日期的临近，特别是听说自己所带的这一届参加高中招生考试的毕业生数量远超往年，而录取名额有限时，她作出了一个令人敬佩的决定：孩子由丈夫负责，自己全身心放到学校，确保班上所有学生都能如愿以偿升入高中！

她这样说，也这样做了。每天，她总是踏着晨露，早早来到学校，从早读开始就与学生们打成一片。白天不管多忙，课余时间，她总会出现在教室里，帮助学生解除思想负担，发现学习中的问题，及时联系任课老师。她还想方设法创设宽松的环境，引导学生放松紧张心理，调节好学习情绪。为了确保学生所有问题都能当天解决，第二天轻松地开启新的篇章，她总是在师生之间忙前忙后，在学生与任课老师之间架设起一座座沟通的桥梁。一天结束，当她披着晚霞，离开办公室时，总是劳累不堪，但她乐此不疲！

通过半个学期的努力，全班学生在S老师的影响下，养成了精细化作风，最终，全都顺利地进入高中学习。而她那宝贝女儿，也在她这种对工作极端负责的精神感召下,经过自己努力,成了重点高中的一名新生。

C老师是土生土长的锡城人,因为志趣相投,嫁了个行伍出身的丈夫。别看她平时不声不响,其实,肚子里满是学问、满是梦想。

教学中,C老师总是站在学习基础和理解能力最差的学生的角度,降低教学难度,放慢讲课速度,帮助学生细心理解和体会。她说,这叫"木桶理论",为的是帮助每一个学生消除学习困难,从学习中获得乐趣和动力,进而学会自主学习。对于个别学习困难的学生,她还会放弃休息时间,给他们开小灶补课。

一次,班上一位女同学由于缺少观察和积累,在学习古诗词时无法将简洁的词语与真实的画面联系起来,影响了对古诗词的理解和体悟,学得辛苦不说,每次学习古诗词时都感觉味同嚼蜡。C老师在课上发现后,并未急于解决问题,而是安慰她,"不要急,慢慢来"。课后,就陪着这位学生上网搜索和查找与这首诗词比较贴近的画卷,给她讲述诗人面对美丽景色,如何通过联想和想象,把自然景物演化为抽象画面,再按照诗词格式,提炼和推敲文字,写出简短诗句。她还告诉学生,阅读这些诗词,就要透过文字,去重新勾画和描绘诗词中那隐含的画面,从而把握诗人在写作时所面对的现实以及当时特定的心境。看着眼前一幅幅画面,听了C老师详尽的解释,这位学生终于明白,在诗人创作与自己阅读之间必须架起联想和想象的思维桥梁才能把古诗词学好。从此,不仅学习诗词很认真,对于事物的观察也有了自己的方法。

C老师不仅语文教得好,班主任工作也舍得花时间,而且,对每件事都一顶一的认真,因此,从她班里出来的学生,都待人热情,做事规范。

记得有一年,C老师接手高三毕业班,班上15个学生大多不愿意参加高考。C老师分析了每个学生的情况后认为，绝大部分学生不是学习跟不上，也不是家庭条件制约，纯粹是怕苦畏难情绪和从众心态造成的。于是，她把幼小的孩子交给婆婆，一家一家登门拜访，跟家长谈经济社会发展与特殊教育事业的关系，聊聋孩子依靠书包翻身的意义。在与家长达成共识的前提下，她又根据学生的不同情况，一个一个同他们谈心，解除他们的畏难情绪，引导他们确立更高更好的人生目标。同时，她还及时与任课老师统一思想，从课程、课时、作息等方面协调保障。最终，所有学生都考上了大学，而且，很多学生进入大学后成了小干部，受到高校领导的高度赞扬。

近年来，C老师的先生和S老师的先生先后转业到了地方，而且还真巧，都进了政法系统。于是，她俩又有了一个新的称呼：警嫂！

不管是做军嫂还是警嫂，C老师和S老师那雷厉风行的一贯作风却始终没变！

老师，放心休息吧

　　中秋不久，圆月刚刚褪去欢庆的喜色，初秋的晚风撩拂着被太阳炙烤了一天的树梢，知了在树丛间有一声没一声地鸣叫。躲过了白天毒日的人们，吃过晚饭，三三两两漫步在仍然散发着热气的街头，寻找着丝丝凉意。市人民医院病房内一片静寂，病房一角，躺着一位瘦弱的女士，她双眼微闭，惨白的脸上布满倦意，伸在被单外的手臂上挂着吊针，偶尔可以听到药水在滴管内"嗒——嗒"的滴落声。

　　突然，房门被一位教师模样的女青年推开，几个半大孩子急急地拥了进来。床上的病人猛然惊醒，睁开疲惫的双眼，善意的笑容即刻染红了惨白的双颊。站在床边的小女生边打手语，边用不太清晰的话语说道："Z 老师，您好吗？您该好好休息啊！"

　　这位被唤作"Z 老师"的病人侧了一下身子，脸上浮起一层感激的红晕，嗔怪地看着站在学生身后的女教师："你怎么把他们带来啦！"

　　"哎呀，听说您住院，全班学生都嚷着要来看您。这不，他们还带来了一大堆礼物呢！"女教师说着，拿出手中拎着的塑料口袋，大家七手八脚地从里面翻出各色礼品：厚厚一叠贺卡，有玫瑰色的、水绿的、粉底漂金的……都是同学们精心挑选买来的;一只不大的玻璃瓶,瓶里装着大家用花花绿绿的纸张亲手制作的纸鹤;最别致的是一束鹅黄色的丝网花——这是婷婷妈妈亲手制作的,上面还缀着一张红色卡片,卡片上歪歪扭扭写着,"祝 Z 老师早日康复"!

看着眼前这群满脸喜色的学生和他们手中的礼物,Z 老师凹陷的眼眶里布满了欣喜的泪花……

年过不惑的 Z 老师是学校最年长的班主任,长期工作在低年级。低年级学生虽然经过语训康复,有了一些语言基础,但会话能力和理解能力还不十分强,在家又都是小王子、小公主,在学校什么都不会做,必须老师亲力亲为,一点一滴地领着他们边做边指导,因此,低年级的老师分外辛苦,许多年轻教师对此都望而却步。

Z 老师从师范毕业来到特校担任老师并非她的本愿,当时的她清纯、美丽、善良,但是,想到自己必须整天围着一群聋孩子转,内心就感到害怕。然而,一件不起眼的小事,使她改变了主意。

那是走上教师岗位的第一天,一位农村妇女拉着已经十多岁的儿子来到 Z 老师面前,愁苦的双眼流露着悲伤和失望。她告诉 Z 老师,自己对不起这个苦命的孩子,想让他学几个字,以后能有口饭吃。看着身边这个身材跟自己一般高的一年级新生,Z 老师内心百感交集,从那母亲的话语中,她更体会到了这孩子对于一个家庭的重要,也隐隐感觉到自己身为特殊教育工作者肩上所担负的使命和重任。她毅然地点了点头,收下了这个孩子。

收下这个高个子学生后,Z 老师就分外关注他。除了文化课以外,还时常利用课余时间教他一些生活常识和劳动技能,孩子也从老师的眼神和行动中感受到了莫大的亲切和鼓舞,学习格外努力。几年后,当他从学校毕业走上工作岗位,领取到第一笔工资后,专门买了一束鲜花,送到学校,献给令他崇敬的 Z 老师。

从此,关注和热爱每一个聋生就成了Z老师坚定的信念。

Z老师每天总是早早到校,带着学生,用塑料桶拎来清水,先用抹布把讲台、窗台和课桌椅擦拭干净,接着,将拖把放进水桶,浸湿,拧干,把教室地板拖干净,墙角处拖把无法达到的地方,她还会弯下腰去,弓着身,用抹布仔仔细细擦,直到一尘不染。她还自己动手给每个学生的课桌椅做上布套,又为学生买来鞋套,进入教室就让人如同走进自家的房间,舒适、安详之感油然从内心深处升起。

日复一日,年复一年,Z老师所带班级的学生人人都懂得卫生的重要,也都知道优美环境是人们用汗水换来的,应该分外珍惜。

以爱心换取爱心,以行动替代说教,以不厌其烦应对懵懂无知,这就是Z老师二十多年教育的法宝。因此,她教过的学生没有一个不把她深深地铭记在心里的。

那年,小洋来到Z老师班上,第一次接触,看着矮小敦实的他站在那儿两眼放光,四处搜寻着什么,Z老师感觉到了这个孩子的异样。经过仔细了解,知道他从小父母双亡,加上是个聋孩子,旁人也无心管教,因此,时常四处招是惹非,还不分你我地随意拿别人的东西。之后几天,Z老师不动声色地对小洋进行了观察,发现他不像其他同龄孩子那样天真无瑕,甚至显得有点与年龄不相称的老成,但是待人很热心,于是,就安排他管理班级劳动工具,还及时发现和表扬他主动帮助别人的事迹。小洋感受到了老师对他的关注和爱心,对班级工作和文化学习更认真了。Z老师又想方设法鼓励他关心班级、关心同学,引导他一步步融入到集体之中,一个学期下来,这个调皮的孩子就成了Z老师的好帮手。

Z老师不仅在班务管理上细致入微,只要是牵涉到学生的一应大事小情,她都会记挂在心上,即使已经升入高年级的学生,她也会一如既往地关心和教育。

一天，Z老师回到家，刚端起晚饭，学校值班老师就来了电话，原以为是班上学生出了问题，可仔细了解后才知道，是前几年教过的学生不小心受伤了，由于一时找不到班主任，值班老师就把电话打给了她。Z老师二话没说，丢下饭碗，风风火火赶到学校，找到孩子家长电话号码，边联系家长，边陪着孩子去了医院。当远道赶来的家长见到孩子已经平安地躺在医院病床上时，激动地拉着Z老师的手说不出话来。

学生小慕，从小远离父母，跟着爷爷奶奶过活，养成了娇惯蛮横而不讲卫生的坏习惯。是Z老师帮助她一点一点地学会了读书、扫地、打理自己的卫生，同她建立起了亲如母女的关系。小慕升入高年级后，虽然与Z老师不在同一楼层，但是，只要有时间，就会到Z老师办公室来，不为别的，就为看一眼Z老师的笑脸，听一句Z老师亲切的话语，感受一下Z老师的亲情。

记得有位哲人说过，一个人做一件好事并不难，难的是一辈子做好事。Z老师从教二十多个春秋，寒来暑往，迈过了窈窕年华，步入了硕果满园的中年，每一天，她总是满怀好心情，做着从善积德的好事情，虽然看似渺小，却影响着每一个聋生的未来。

热情的理事长

残联理事长是一个地区主管残联工作的最高长官,其观念是否与时俱进、思想是否紧跟时代步伐、工作方法是否合乎残障人士的心理要求,直接影响本地区残障人事业的发展。

一个秋日的午后,艳阳高照,烈日炙烤着大地,四处都热浪滚滚,整个世界就像被放进了爆米花机,随时有被炸裂的危险。早晨还娇艳挺拔的小草早已垂着脑袋进入了安睡状态,法国梧桐上的知了在毒辣的阳光下,停止了从未间断的长鸣。校园里,一切都静悄悄的,师生正在午休。一个矫健的身影,步履轻松地穿过香樟树边的林荫道,三两步跨上台阶,来到了二楼校长室,举起右手,用食指关节在微闭的门上轻轻敲了两下,听到里面传出"请进"的招呼,才慢慢地推门进去。

这位不速之客是市残联理事长老Z。黝黑的肤色,浓眉大眼的Z理事长可有一个令人振奋又难忘的名字——满意。他进得门,在靠墙的椅子上坐下,接过校长递过来的水杯,放在嘴边小抿一口,抬起头,抹了抹额头的汗珠,炯炯大眼环顾了一圈,笑吟吟地说道:"嗨,这天啊!"就算跟校长打了招呼。

Z理事长是个细致严密的人,无论是考虑问题的思路还是工作进程的细枝末节,都周详实在,今天造访特校,就是为了和盘托出在他脑中盘旋多时的高中办学方向的事。

　　之前,Z理事长利用近半年时间,对周边城市的特殊教育进行了全面考察,大体掌握了全省特殊教育状况,也对本地特殊教育的未来发展有了比较清晰的思路。此时的他,饱经风霜的脸上充满了必胜的信念,在与校长的谈笑间,虽然话语不多,却句句入情入理,令人不由自主地为他的谋划和设想叫好。

　　特校虽不属于残联管辖,但是,能够遇上这样一位亲力亲为替特殊教育精心设计蓝图的领导,实在难得。他不但带来了发展聋人高中教育的设想,而且,还满怀希望地提出了后续的激励措施。

　　一席长谈,校长室里传出了爽朗的笑声——无疑,Z理事长今天放低身姿,冒着酷暑拜访校长,没有白跑!

　　不久,市残联出台了有关支持特校办好高中教育的文件,在全国率先提出了给予上高中和上大学的残障学生经济补助的政策,为特校普及高中教育、为残障学生接受高等教育,"依靠书包翻身",解决了后顾之忧。

　　Z理事长的办事效率的确如同他的名字一般,令人满意!

　　可惜,时隔不久,Z理事长就离任了。接任他的L理事长,单名翔,她个头不高,五官小巧,肤色白皙,加上那一身深色的西式女装,给人的感觉,利索中蕴含雅致,简洁中透着果敢。

　　俗谚道:人如其名。L理事长办事就像她的名字,无处不展现出思维敏捷、遇事果断的个性和不甘人后的劲头。

　　L理事长到任的第二天就到特校走访,了解学校发展的困难,谋划残障人事业新的政策措施,提出对残障人进行职后培训的设想。在了解了学校社团建设轰轰烈烈却遭遇经费瓶颈时,她当即拍板——提供资金保障,让每一个聋孩子都能高高兴兴地融入社团之中,感受校园多彩的艺术氛围,健健康康成长。

在她的倾力支持下,学校一举成为全国特殊艺术人才培养基地,也正是有了她的热情关怀,各种校园社团如雨后春笋,蓬蓬勃勃壮大起来,使聋孩子走出了自卑的小圈子,敢于正视自己、挑战自我,主动融入健全社会,成为经济社会欢迎的自食其力的劳动者。

这不,听说特校在市政府支持下,要异地重建,她又率领市残联领导来到学校现场办公,主动帮助学校解决事业发展中遇到的问题。当听说学校规划建设康复中心时,她不无赞赏地表示全力支持,并划定了300万元的专门款项,用于添置康复仪器和设备。

如果说支持特殊教育发展是残联理事长应尽的义务,那么,L理事长担任学校理事会名誉理事长,则更能体现她对特殊教育的关心。

在推进学校现代化建设进程中,学校邀请社会各界代表成立了理事会,具体负责协商和处理依靠学校自身力量无法解决的重大问题。市残联既承担着政府部门的行政职责,又具有社会管理的功能,自然成了当之无愧的理事单位,L理事长则被首届理事会推选为名誉理事长。

在常人看来,所谓"名誉理事长"只不过是挂名而已,然而,L理事长却不这样认为,她不但认真参加每一次理事会,出谋划策帮学校提出合理化建议,而且,只要是学校遇到的困难,她都当作自己的事,想方设法一件件落实好。因此,理事会历次改选,她都以全票获得连任,实在是众望所归!

学校每年助残日都会为高三毕业学生举行专场的"成人仪式",一为激励毕业生一如既往地在人生征途上追求理想,塑造辉煌人生,二为让学生明白自己行将走向社会,作为社会一员应该更好地融入主流社会。参加仪式的不仅有应届毕业生,还有教过他们的历任老师、默默哺育他们的家长,因此,每一届成人仪式都隆重热烈,在严肃的氛围中充满和煦的暖意。此时的 L 理事长也是最忙的,她除了要参加残联自己组织的活动外,还要陪同各级领导走访基层,然而,不管事务多忙,她都会抽出时间,亲临"成人仪式"现场,看望将要进入大学深造或步入社会工作的学子们,并领着他们在国旗下庄严宣誓。用她自己的话说,"这是学校与社会隆重的交接仪式,我咋能不来呢"!

正是有了这样淳朴的心地,L 理事长终日思考的就是如何把残障人事业推向广阔的社会,让社会的每一个人都接纳残障人士,使他们融入社会的方方面面。

而最令师生们感动的还是在 L 理事长亲手推动下,市委市政府出台了《残障人社会保障条例》,为残障人事业的长期稳定发展,提供了政策保障。其中"特殊教育"一章专门规定了"生均公用经费为普通学校 10 倍",仅此一条,就着实让全国各地特殊教育同仁红了眼,也让各地负责特殊教育的主管部门争相仿效。

是啊,随着经济社会的迅猛发展,随着社会积累的逐年增多,残障人事业应该也必须成为一个地区政府考虑社会事业时的重点。代表着党和政府、代表着社会各界的残联领导,就像一群特殊的园丁,正是他们的热心关怀和支持,特殊教育花圃中的花儿才显得异常鲜艳,异常光彩。相信,随着经济社会的发展,热心于特殊教育,热心于残障人事业的人们将越来越多,特殊教育也会受到更多人的关注,特殊教育花圃中的花儿也将更红更艳。

后 记

从事特殊教育十多个年头,内心一直存有写作的冲动,总想有机会把自己遭遇的人情世故、酸甜苦辣告诉身边的人们,却苦于没有属于自己的时间。

机会来自于2014年初秋,领导同意我退下行政领导岗位,投身教育科研。于是,大段的时间摆在了我的面前。

人说,万事开头难。的确,当我真正静下心来开始构思心头酝酿已久的故事,却发现,对于没有写作经验的我而言,经历是一回事,要把这些经历原原本本记下来又是另一回事。但是,眼前时时浮现的一个个鲜活的形象却那样深刻地激励着我,让我心潮澎湃,终日惶惶,于是,我大着胆子下了水,开始摸着石子过河。

埋首案头,轻按键盘是快乐的,然而,构思的过程却是痛苦的。十多年的人和事,要浓缩在五十个小故事中,谈何容易!而不同人物,不同命运,不同时间内发生的不同事件,虽然历历在目,但要诉诸文字却并非易事。在整个写作过程中,我就像孕育新生命一般,小心地揣摩人物,精心地选择事例,耐心地遣词造句。有时,为了表述的句子更加流畅,我彻夜难眠;有时,因为人物塑造或环境渲染得不够满意,我饭食难咽;也有时,我完全进入了人物多舛的命运而唉声叹息;还有时,我伴着人物成长的波折,泪湿冬衣……是呀,谁让我是故事的亲历者,谁又让我一意孤行地要记下这些虽不轰轰烈烈却也令人振奋、难以忘怀的故事呢!

令我感奋的是,所有知道我所作所为的朋友都给我以精神的支持,他们眼神中的殷切,言语里的鼓励,都让我犹如火焰蒸腾的热气球,无暇旁顾,一个劲地往上冲。

历时十个多月的艰辛,终于定稿付梓了,宛若一潭春水的内心,重又回到了之前的平静。十个月,在人生历程中转瞬即逝,而我,每天都充满了激动与喜悦、跌宕与起伏、憧憬与盼望,她给我带来的磨难和阵痛、欣喜和愉悦、感悟和启迪,必将令我终生难忘。

是啊,这部十万多字的故事集就是我心血的结晶,如今,这个婴儿呱呱降世了,我小心翼翼地给她取了个毫不靓丽,也一点不起眼的名字——这里的花儿别样红。

我想,她应该是"花儿",因为她内含着的一个个小故事都来自于特殊教育园圃,代表着一群群与众不同的花儿;而"别样红",彰显的是故事中人物身上呈现出来的那种不为命运所屈服,积极进取,努力融入主流社会,参与社会主义现代化建设的坚定信念和坚忍不拔的意志品质。希望她能给人们——特别是那些具有同样经历或挫折的孩子们,带去一点温馨与鼓舞,使他们也如同故事中的每一个人物,在党和政府的阳光雨露滋润下,在社会各界的共同关心下,茁壮成长起来,寻觅到属于自己的坐标,健康地活跃于这个世界,成为人生故事集中新的主角。希望越来越多的花儿们,在社会主义大花园中吐露芬芳。

感谢无锡市特校全体师生,是你们,给了我如此坚强的毅力,能够不畏艰辛地攀爬在文山字海之间;是你们,让我排除万难,产下了这个带着生命活力的幼小孩儿!

感谢无锡市学校管理中心和无锡市教育局领导给予我的大力支持!

感谢在我孕育这个孩子过程中给我以关心、鼓励的所有朋友!

感谢南京师范大学出版社在定稿付梓时给予我的指导和帮助!

谢骏
2015 年 7 月定稿